U0580590

"十三五"国家重点出版物出版规划项目·重大出版工程规划

中国工程院重大咨询项目成果文库

战略性新兴产业发展重大行动计划研究丛书

丛书主编　钟志华　邬贺铨

"互联网+智能制造"新兴产业发展行动计划研究

李伯虎　柴旭东　侯宝存　等　著

科学出版社

北　京

内 容 简 介

本书是"战略性新兴产业发展重大行动计划研究"项目组面向社会公众和决策人员的专题研究报告。本书通过对比国外各国智能制造的发展现状,系统分析我国"互联网+智能制造"的发展现状,剖析我国"互联网+智能制造"目前存在的问题以及未来的发展趋势。结合《"十三五"国家战略性新兴产业发展规划》,本书提出"互联网+智能制造"领域的两大重点研究方向——工业互联网和智能工厂应用示范,并进一步梳理出工业互联网和智能工厂应用示范的研究内容,同时提出发展行动计划的实施内容和实施思路,并从创新体系、人才体系和政策体系等方面给出相关建议。

本书有助于社会公众了解"互联网+智能制造"新兴产业的基本发展情况及发展走向,可供各级领导干部、有关决策部门、投融资机构、产业界和科技工作者及社会公众参考。

图书在版编目(CIP)数据

"互联网+智能制造"新兴产业发展行动计划研究 / 李伯虎等著. —北京:科学出版社,2019.3

(战略性新兴产业发展重大行动计划研究丛书 / 钟志华,邬贺铨主编)

"十三五"国家重点出版物出版规划项目·重大出版工程规划

中国工程院重大咨询项目成果文库

ISBN 978-7-03-060566-5

Ⅰ. ①互… Ⅱ. ①李… Ⅲ. ①新兴产业-产业发展-研究-中国 Ⅳ. ①F269.24

中国版本图书馆 CIP 数据核字(2019)第 030012 号

责任编辑:李 莉 / 责任校对:陶 璇
责任印制:霍 兵 / 封面设计:正典设计

科 学 出 版 社 出版

北京东黄城根北街 16 号
邮政编码:100717
http://www.sciencep.com

北京画中画印刷有限公司 印刷

科学出版社发行 各地新华书店经销

*

2019 年 3 月第 一 版 开本:720×1000 B5
2019 年 11 月第二次印刷 印张:8 1/2
字数:170 000

定价:**128.00 元**

(如有印装质量问题,我社负责调换)

"战略性新兴产业发展重大行动计划研究"丛书编委会名单

顾　问：

徐匡迪　　路甬祥　　周　济　　陈清泰

编委会主任：

钟志华　　邬贺铨

编委会副主任：

王礼恒　　薛　澜

编委会成员（以姓氏笔画为序）：

丁　汉	丁文华	丁荣军	王一德	王天然	王文兴
王华明	王红阳	王恩东	尤　政	尹泽勇	卢秉恒
刘大响	刘友梅	孙优贤	孙守迁	杜祥琬	李龙土
李伯虎	李国杰	杨胜利	杨裕生	吴　澄	吴孔明
吴以成	吴曼青	何继善	张　懿	张兴栋	张国成
张彦仲	陈左宁	陈立泉	陈志南	陈念念	陈祥宝
陈清泉	陈懋章	林忠钦	欧阳平凯	罗　宏	岳光溪
岳国君	周　玉	周　源	周守为	周明全	郝吉明
柳百成	段　宁	侯立安	侯惠民	闻邦椿	袁　亮
袁士义	顾大钊	柴天佑	钱清泉	徐志磊	徐惠彬

栾恩杰　　高　文　　郭孔辉　　黄其励　　屠海令　　彭苏萍
韩　强　　程　京　　谢克昌　　强伯勤　　谭天伟　　潘云鹤

工作组组长：周　源　　刘晓龙

工作组（以姓氏笔画为序）：

马　飞　　王海南　　邓小芝　　刘晓龙　　江　媛　　安　达
安剑波　　孙艺洋　　孙旭东　　李腾飞　　杨春伟　　张　岚
张　俊　　张　博　　张路蓬　　陈必强　　陈璐怡　　季桓永
赵丽萌　　胡钦高　　徐国仙　　高金燕　　陶　利　　曹雪华
崔　剑　　梁智昊　　葛　琴　　裴莹莹

"互联网+智能制造"新兴产业发展行动计划研究课题组成员名单

顾 问：

王天然　　王礼恒　　孙优贤　　邬贺铨　　陈左宁

吴 澄　　柴天佑

编写组（以姓氏笔画为序）：

王永峰　　王庆国　　田 旭　　刘 阳　　杨春伟

张 霖　　程 琳

"战略性新兴产业发展重大行动计划研究"丛书序

中国特色社会主义进入了新时代，中国经济已由高速增长阶段转向高质量发展阶段。战略性新兴产业是以重大技术突破和重大发展需求为基础，对经济社会全局和长远发展具有重大引领带动作用的产业，具有知识技术密集、物质资源消耗少、成长潜力大、综合效益好等特点。面对当前国际错综复杂的新形势，发展战略性新兴产业是建设社会主义现代化强国，培育经济发展新动能的重要任务，也是促进我国经济高质量发展的关键。

党中央、国务院高度重视我国战略性新兴产业发展。习近平总书记指出，要以培育具有核心竞争力的主导产业为主攻方向，围绕产业链部署创新链，发展科技含量高、市场竞争力强、带动作用大、经济效益好的战略性新兴产业，把科技创新真正落到产业发展上[1]。党的十九大报告也提出，建设现代化经济体系，必须把发展经济的着力点放在实体经济上，把提高供给体系质量作为主攻方向，显著增强我国经济质量优势[2]。要坚定实施创新驱动发展战略，深化供给侧结构性

---

[1] 中共中央文献研究室. 习近平关于科技创新论述摘编. 中央文献出版社，2016

[2] 习近平. 决胜全面建成小康社会　夺取新时代中国特色社会主义伟大胜利. 人民出版社，2017

改革，培育新增长点，形成新动能。

为了应对金融危机，重振经济活力，2010 年，国务院颁布了《国务院关于加快培育和发展战略性新兴产业的决定》；并于 2012 年出台了《"十二五"国家战略性新兴产业发展规划》，提出加快培育和发展节能环保、新一代信息技术、生物、高端装备制造、新能源、新材料、新能源汽车等战略性新兴产业；为了进一步凝聚重点，及时调整战略性新兴产业发展方向，又于 2016 年出台了《"十三五"国家战略性新兴产业发展规划》，明确指出要把战略性新兴产业摆在经济社会发展更加突出的位置，重点发展新一代信息技术、高端制造、生物、绿色低碳、数字创意五大领域及 21 项重点工程，大力构建现代产业新体系，推动经济社会持续健康发展。在我国经济增速放缓的大背景下，战略性新兴产业实现了持续快速增长，取得了巨大成就，对稳增长、调结构、促转型发挥了重要作用。

中国工程院是中国工程科技界最高荣誉性、咨询性学术机构，同时也是首批国家高端智库。自 2011 年起，配合国家发展和改革委员会开展了"战略性新兴产业培育与发展""'十三五'战略性新兴产业培育与发展规划研究"等重大咨询项目的研究工作，参与了"十二五""十三五"国家战略性新兴产业发展规划实施的中期评估，为战略性新兴产业相关政策的制定及完善提供了依据。

在前期研究基础上，中国工程院于 2016 年启动了"战略性新兴产业发展重大行动计划研究"重大咨询项目。项目旨在以创新驱动发展战略、"一带一路"倡议等为指引，紧密结合国家经济社会发展新的战略需要和科技突破方向，充分关注国际新兴产业的新势头、新苗头，针对《"十三五"国家战略性新兴产业发展规划》提出的重大工程，提出"十三五"战略性新兴产业发展重大行动计划及实施路径，推动重点任务及重大工程真正落地。同时，立足"十三五"整体政策环境进一步优化和创新产业培育与发展政策，开展战略性新兴产业评价指标体系、产业成熟度深化研究及推广应用，支撑国家战略决策，引领产业发展。

经过两年的广泛调研和深入研究，项目组编纂形成"战略性新兴产业发展重大行动计划研究"成果丛书，共 11 种。其中 1 种为综合卷，即《战略性新兴产业发展重大行动计划综合研究》；1 种为政策卷，即《战略性新兴产业：政策与治理创新研究》；9 种为领域卷，包括《节能环保产业发展重大行动计划研究》《新一代信息产业发展重大行动计划研究》《生物产业发展重大行动计划研究》《能源新技术战略性新兴产业重大行动计划研究》《新能源汽车产业发展重大行动计划研究》《高端装备制造业发展重大行动计划研究》《新材料产业发展重大行动计划研究》《"互联网+智能制造"新兴产业发展行动计划研究》《数字创意产业发展重大行动计划研究》。本丛书深入分析了战略性新兴产业重点领域以及产业政策创新方面的发展态势和方向，梳理了具有全局性、带动性、需要优先发展的重大关键技术和领域，分析了目前制约我国战略性新兴产业关键核心技术识别、研发及产业化发展的主要矛盾和瓶颈，为促进"十三五"我国战略性新兴产业发展提供了政策参考和决策咨询。

2019 年是全面贯彻落实十九大精神的深化之年，是实施《"十三五"国家战略性新兴产业发展规划》的攻坚之年。衷心希望本丛书能够继续为广大关心、支持和参与战略性新兴产业发展的读者提供高质量、有价值的参考。

前　言

当前，全球范围内新一轮科技革命和产业变革蓬勃兴起，以互联网、大数据、人工智能为代表的新技术与以制造业为代表的实体经济融合愈加深入，正在引发影响深远的产业变革。新互联网技术、新信息通信技术、新人工智能技术、新能源技术、新材料技术、新生物技术的飞速发展，正推动形成新的生产生活方式，引发全方位、多领域的重大变革。制造业是国民经济的主体，是拉动世界各国经济增长、繁荣和创新的引擎，是保障社会稳定的重要支柱，新一轮科技革命和产业革命正推动制造业向数字化、网络化、智能化转型升级，各国已将智能制造作为制造业发展战略规划中的主攻方向。

世界各国都在结合自身国情和优势，推出智能制造的创新战略对策。美国发布了《先进制造业伙伴计划》、《国家先进制造战略计划》和《国家制造业创新网络计划》，来推进工业互联网战略的实施。德国在提出"工业 4.0"之后，又发布了《保障德国制造业的未来：关于实施"工业 4.0"战略的建议》和《高技术战略 2020》等战略规划等。各国制定战略的核心都聚焦在智能制造技术、产业和应用的协调发展，全球的跨国企业也正在加快布局和占领智能制造市场的竞争领地。

我国正处在从制造大国向制造强国、从中国制造向中国创造转变的关键时期，发展智能制造是实现中国制造业转型升级的重要路径。面对挑战，我国采取了一系列对策：党的十六大提出"信息化带动工业化"；党的十七大提出"大力推进信息化与工业化融合"；党的十八大提出"推动信息化和工业化深度融合"；2015 年《政府工作报告》提出"中国制造 2025"及"互联网+"行动计划；2016 年国务院发布《国务院关于深化制造业与互联网融合发展的指导意见》及《"十三五"国家战略性新兴产业发展规划》；2017 年发布了《国务院关于深化"互联网+先进制造业"发展工业互联网的指导意见》；党的十九大明确提出"加快建设制造强国，加快发展先进制造业"。国家发布的一系列战略规划和指导意见，旨在通过技术融合创新、产业培育和应用示范的协调发展，来重塑制造业的创新技术体系、制造模式、产业形态，快速推进制造业发展步入数字化、网络化、智能化新阶段。

本书通过系统分析国内外智能制造发展现状，从技术、产业和应用三个方面深入剖析我国"互联网+智能制造"目前存在的问题，同时，应对新技术的发展和新形势下的需求，梳理出智能制造未来的发展趋势，结合《"十三五"国家战略性新兴产业发展规划》中明确提出的涉及制造领域的"互联网+"工程以及重点领域智能工厂应用示范两部分内容，提出了"互联网+智能制造"领域的两大重点研究方向——工业互联网和智能工厂应用示范，进一步从技术、产业、应用三个层面细化两个应用示范的研究内容。其中，在工业互联网方向，重点研究工业互联网体系架构和关键技术，建设工业互联网的安全体系、评估体系及标准体系等，研制智能互联产品，形成自主可控的软硬件使能工具/系统/平台产业，建设区域级/行业级工业互联网应用示范。在智能工厂方向，重点研究制造领域离散行业/流程行业的智能工厂相关的关键技术，形成智能产品/智能硬件及装备/智能工厂系统研发与运行产业，建设离散行业/流程行业智能工厂应用示范工程。并指出发展行动计划的实施内容和实施思路。最后，从创新体系建设、人才体系建设、财税支持力度和组织实施方式等方面给出相关建议。

目　　录

第一章 "互联网+智能制造"新兴产业发展行动计划的战略意义

　　当前，一场新技术革命和新产业变革正在进行。全球"创新、绿色、开放、共享、个性"的发展需求，与新互联网技术、新信息通信技术、新人工智能技术、新能源技术、新材料技术和新生物技术等的飞速发展[1]，正引发国民经济、国计民生和国家安全等领域新模式、新手段和新生态系统的重大变革。制造业作为国民经济、国计民生和国家安全的重要基石，同样面临全球新技术革命和产业变革的挑战，特别是新互联网技术、新一代信息通信技术、智能科学技术与（大）制造技术的深度融合，使制造模式、制造手段、生态系统等正发生重大变革。

　　制造业是立国之本、兴国之器、强国之基。在当前新一轮科技革命和产业变革的强大浪潮中，世界各国纷纷推出智能制造的创新战略对策。德国在提出"工业 4.0"之后，又提出了《保障德国制造业的未来：关于实施"工业 4.0"战略的建议》和《高技术战略 2020》等战略规划；美国也相继提出《先进制造业伙伴计划》、《国家先进制造战略计划》和《国家制造业创新网络计划》，从而推进工业互联网战略的实施；英国提出以"工业 2050"为牵引的"互联网+"工业发展策略；日本提出以"人工智能"为抓手的"互联网+"工业发展策略。

各国制定战略的核心聚焦面向智能制造技术、产业和应用的协调发展，推动新一代信息技术与工业融合发展，形成"互联网+智能制造"的创新模式，争相抢占新一轮产业竞争制高点[2]。

我国正处于新科技革命和产业革命与加快转变经济发展方式的历史性交汇时期，从制造大国向制造强国、从中国制造向中国创造转变的关键时期，面对挑战，我国采取了一系列对策：党的十六大提出"坚持以信息化带动工业化，以工业化促进信息化，走出一条科技含量高、经济效益好、资源消耗低、环境污染少、人力资源优势得到充分发挥的新型工业化路子"；党的十七大提出"发展现代产业体系，大力推进信息化与工业化融合，促进工业由大变强，振兴装备制造业，淘汰落后生产能力"；党的十八大上提出"坚持走中国特色新型工业化、信息化、城镇化、农业现代化道路，推动信息化和工业化深度融合、工业化和城镇化良性互动、城镇化和农业现代化相互协调，促进工业化、信息化、城镇化、农业现代化同步发展"；《2015年政府工作报告》提出"要实施'中国制造2025'，坚持创新驱动、智能转型、强化基础、绿色发展，加快从制造大国转向制造强国"及"制定'互联网+'行动计划，推动移动互联网、云计算、大数据、物联网等与现代制造业结合，促进电子商务、工业互联网和互联网金融健康发展，引导互联网企业拓展国际市场"；2016年发布《国务院关于深化制造业与互联网融合发展的指导意见》和《"十三五"国家战略性新兴产业发展规划》；2017年发布《新一代人工智能发展规划》《国务院关于深化"互联网+先进制造业"发展工业互联网的指导意见》等。国家发布的一系列的战略规划，旨在通过技术创新、产业培育和应用示范的协调发展，逐步催生传统制造模式的变革，激发制造企业新活力，重塑制造业社会化、服务化和平台化新生态。

本书通过对比各国智能制造的发展现状，系统分析我国"互联网+智能制造"的发展现状，剖析我国"互联网+智能制造"目前存在的问题以及未来的发展趋势，结合《"十三五"国家战略性新兴产业发展规划》中明确提出的工业互联网、智能工厂两个重大行动计划的研究内容，指出发展行动计划的实施内容和实施思路，从技术/产业/应用三个层面梳理出重大行动计划的研究内容，并从人才体系建设、财税支持力度和组织实施方式等方面给出政策方面的建议。

第二章 "互联网+智能制造"新兴产业的国外发展现状

新一轮科技革命和产业革命的背景下，各制造强国纷纷制定各类国家级战略规划，努力发挥本国的制造业优势，结合互联网、人工智能等新兴技术，实现制造业的高端转型升级，从政策牵引、创新体系建设、关键技术攻关、重大工程实施等方面，全力支持互联网与智能制造的融合发展。

（一）德国"工业4.0"

2013年德国发布"工业4.0"战略规划，该战略规划由一个网络、三项集成、四大主题、八项计划组成。德国为推进"工业4.0"，相继提出了《保障德国制造业的未来：关于实施"工业4.0"战略的建议》《高技术战略2020》《数字化战略2025》等新的战略性政令或政策。"工业4.0"旨在充分利用信息通信技术和网络空间虚拟系统构建的CPS（cyber-physical systems，信息物理系统），使制造业向智能化转型。它以信息物理融合系统为基础，基于云计算平台来处理问题，并将云计算和大数据等先进的技术应用到工业自动化中，来实现工厂的数字化、信息化、网络化、智能化。德国在中小企业中进行试点示范,为中小企业在物联网产业和互联网中的项目提供资金,尤其是数字产品,以及适应数字化进程和网络商业模式的开发测试[3~5]。按照"工业 4.0"纲领,未来的工业企业各种 CPS 将由全球的工业互联网支持,将各类智能机器、后勤系统与生产系统集成在一起,使得在制造环境中的智能机器、存储系统和生产实体等可以自动地交换信息、触发动作并相互独立地控制。

自 2015 年 4 月德国政府正式启动"工业 4.0"平台以来,该平台建设取得了多项进展:①在线图书馆(online-bibliothek)作为"工业 4.0"知识传播的节点,汇集了最新的工业 know-how(技术诀窍和专业知识)以及相关研究成果和政府政策,为企业应用提供参考。②用户案例(anwendungsbeispiele)以及"工业 4.0 地图"集中展示了"工业 4.0"在德国以及其他国家的成功应用,让公众了解到"工业 4.0"的最新进展。③广泛开展国际合作(internationales),平台与中国、美国、日本等国家均建立了合作关系,让"工业 4.0"概念走向世界,成为国际性议题[6]。

德国"工业 4.0"建立在其自动化装备全球领先的优势地位基础上,德国国内以西门子、菲尼克斯电气等为代表的大型企业以及数以千计的中小企业纷纷参与到"工业 4.0"体系中。西门子凭借其"数字化企业平台"和全集成自动化在信息技术集成领域具有领导地位,推出了工业互联网平台—— MindSphere,提供远程设备维护、工业大数据和网络安全服务等,能有效提升制造大型能源设备、轨道设备及医疗设备的竞争能力。菲尼克斯电气则在加大力度开发 Profinet 工业以太网,提升公司竞争力。菲尼克斯电气为工业定制的云技术"ProfiCloud",是其在工业物联网领域最具创新的产品;ProfiCloud技术可以让 Profinet 的用户在不添加任何硬件成本的情况下,轻松实现安全、快捷的底层设备间的互联互通。ProfiCloud技术、Profinet技术、mGuard 工业信息安全技术等一系列的连接智能世界的通信技术推动了"工业 4.0"的发展。此外,菲尼克斯电气通过与思科密切合作，推进标准以太网快速发展，通过与现有以太网设备透明衔接，实现产业融合。SAP（System Applications and Products，思爱普）通过收购，在"工业4.0"领域积极布局，发布了25个针对细分工业子行业的整体解决方案。SAP基于传统优势以及收并购，获取了ERP（enterprise resource planning，企业资源计划）、PLM（product lifecycle management，产品生命周期管理）、SRM（supplier relationship management，供应商关系管理）、CRM（customer relationship management，客户关系管理）、SCM（software configuration management，软件配置管理）等全面能力，充分整合了制造行业研发、销售、供应链、制造和售后服务等各个环节。由德国联邦财政部和经济部资助，费劳恩霍夫牵头研发的Virtual Fort Knox平台是为中小型工业企业和工程公司提供安全的IT服务的平台，以简化IT系统在工业价值链中的应用，已成为德国"工业4.0"测试和应用推广的重要平台。

（二）美国"工业互联网"

经历了金融危机，美国在2009年开始实施"再工业化战略"，旨在利用信息技术重塑工业格局，开启了美国工业互联网的进程。工业互联网的名词及其初始理念在2012年由通用电气公司（General Electric Company，GE）提出，被定义为一种智能制造系统。近年来，各国根据各自不同的背景与特色，提出并发展了工业互联网的模式、手段与业态。我们团队对此的解读是："工业互联网是基于泛在互联网，将人、产品、制造装备、数据、智能分析与决策和执行系统等智能地连接在一起，构成一个信息（赛博）空间与物理空间融合的智能制造系统，它的目标是大大提高制造业的创新能力、制造能力和服务能力，进而实现工业的再革命。"

美国在推进工业互联网战略的过程中，积极响应和引领新一代信息技术的发展，借助其在信息技术领域的先发优势，力求实现对工业数据资源的获取、保存、计算分析，以此为杠杆激活传统工业，保持制造业的长期竞争力，进而占据未来世界制造业竞争的制高点。金融危机后，美国政府不断出台各项政策，力图以革命性的生产方式重塑制造业。

1.《先进制造业伙伴计划》

2011年6月，美国政府发布《先进制造业伙伴计划》，以期通过政府、高校及企业的合作加快先进制造技术的投资和部署，建立并支持跨部门的产学研合作伙伴关系，创造高水准的美国产品，计划四年内投入5亿~10亿美元。当前，该计划已经及时更新并已将重点锁定在可视化、信息化和数字化制造等智能化技术领域。随后奥巴马创建15个美国国家制造业创新网络（National Network for Manufacturing Innovation，NNMI）以提升制造业竞争力。

《先进制造业伙伴计划》已成为美国"互联网+"工业的重要规划，此后，美国分别出台了《国家先进制造战略计划》和《国家制造业创新网络计划》与之相互呼应，相互支撑。

2.《国家先进制造战略计划》与《国家制造业创新网络计划》

《国家先进制造战略计划》，旨在加速对新一代信息技术、快速成型制造、智能制造等领域的制造业企业，特别是中小型企业的投资，并优化联邦政府对先进制造R&D（research and development，科学研究与试验发展）的投入，加强国家层面和区域层面所有涉及先进制造的机构的伙伴关系，实现开放融合的协作创新局面。

《国家制造业创新网络计划》（现称为美国制造业计划，Manufacturing USA）计划10年内投资10亿美元，组建15~45个具有先进制造业能力的创新集群，以打造制造业不同细分领域的专业创新研究中心。到2015年年末将建9个制造创新机构，截至2016年底，已明确建成的共有8个，如表2-1所示。

表 2-1 美国国家制造业创新网络计划进展

名称	成立时间	牵头部门	参与机构	功能
国家增材制造创新机构	2012年9月	国防部	能源部、国家航空航天局、国家科学基金会、商务部及100多家成员单位	帮助美国增强3D打印技术、快速成型的实力
下一代电力电子制造业创新研究机构	2014年1月	能源部	北卡罗来纳州立大学及超过25家公司、大学及州和联邦机构	打造更加智能化、可靠安全、低成本且节能环保的21世纪电力网络
轻量制造和现代金属制造业创新研究机构	2014年2月	国防部	爱迪生焊接研究所主导，60个成员单位	解决轻型、高性能金属及合金产品在制造过程中的障碍
数字制造和设计创新研究机构	2014年3月	国防部	伊利诺伊大学实验室主导，汇集73个成员单位	解决各种设计、工程、制造和维护系统之间相互转换数据的问题
先进复合材料制造业创新研究机构	2015年2月	能源部	田纳西大学为首，汇集122个参与机构	车辆，风力涡轮机，压缩气体储存，设计、建模和仿真，复合材料及加工技术
集成光子制造业创新研究机构	2015年7月	国防部	124家企业以及纽约州立大学研究基金会领导的非营利机构和大学	建立端到端集成光子制造生态系统，包括芯片制造、集成设计、自动封装、集成与测试、劳动力培训等
柔性混合电子制造创新研究机构	2015年8月	国防部	包括应用材料、苹果、高通等半导体公司；洛马、波音、GE、雷神等终端用户；斯坦福大学、哈佛大学、麻省理工学院、加利福尼亚大学伯克利分校等大学在内的162个成员单位	确保美国在下一代可弯曲、可穿戴电子器件制造业中居于领导地位
智能制造创新研究机构	2015年9月	能源部	包括通用动力、通用电气、通用汽车、美国铝业公司、美国能源部、美国国家标准与技术研究院、国家科学基金、美国制造技术协会、机械工程协会等的美国智能制造领导力联盟	针对先进传感器、控制器、平台和制造建模技术，支持能够减少其部署成本达50%的研究与开发行动

在行业层面，数据和信息资源与工业体系的融合趋势更为明朗。"工业互联网"概念一经提出，美国五家行业龙头企业就联手组建了工业互联网联盟（Industrial Internet Consortium，IIC），目标是实现物联网以及工业互联网的标准化，GE、IBM、思科、英特尔和AT&T等企业纷纷加盟。美国GE公司联合英特尔、思科、华为等公司，开发了基于云计算的管理平台Predix，管理公司生产的各类设备。各行业用户可以在Predix上创建和开发应用程序，从而实现设备的互联网连接，将各种工业资产设备和供应商相互连接并接入云端，并提供资产性能管理和运营优化服务。Predix可以部署在云中，实现分布式计算和大数据分析、资产管理、设备间通信和移动应用。目前该平台已经管理了13个行业的过万亿美元的资产，成为全球工业互联网领域的领军者。GE向所有企业开放了专为工业数据分析而开发的云服务——Predix云，通过接入设备数据把各种工业设备相连，让各类用户在安全的环境中快速获取、分析海量高速运行的工业数据，帮助各行各业的企业创建和开发自己的工业互联网应用。Predix提供针对开发人员的Predix设计系统和Predix移动架构，为工业互联网应用程序提供综合的Web组件和移动架构，简化任务并减少高性能应用程序的构建时间。

工业互联网联盟采用开放成员制，致力于发展一个"通用蓝图"，使各个厂商设备之间可以实现数据共享。其目的在于通过制定通用标准，打破技术壁垒，利用互联网激活传统工业过程，更好地促进物理世界和数字世界的融合。一旦这些标准建立起来，将有助于硬件和软件开发商开发与物联网完全兼容的产品，推动整个制造业的全面整合和效率全面提升。工业互联网联盟开发了9种旨在展示工业互联网应用的"Testbed"测试平台以推广工业互联网应用，给各企业提供测试最新工业互联网技术的有效工具。工业互联网联盟同时开发了工业互联网参考架构模型（industrial internet reference model）和标准词库（industrial internet vocabulary），为标准化的发展奠定了基

础。2016 年 9 月，工业互联网联盟发布工业互联网安全框架
（Industrial Internet Security Framework，IISF）指导企业进行工业互
联网安全措施部署；2017 年 1 月 31 日，工业互联网联盟公布了最新
的工业互联网参考架构 IIRA1.8，进一步完善了工业互联网标准化体
系建设；美国工业互联网联盟在其安全框架和相关架构的基础上制定
出一套新的物联网安全成熟度模型，并于 2018 年 4 月 9 日发布其中一
份白皮书《物联网安全成熟度模型：描述和预期用途》[6]。

（三）其他国家的发展现状分析

1. 英国以"工业 2050"为牵引的"互联网+"工业发展策略

英国是全球现代工业革命的摇篮，第一次工业革命就发源于英
国。制造业在英国经济中占有重要地位，尽管英国在工业规模上有所
衰退，但它仍有世界顶尖的公司，在钢铁、制药、生物育种、航空航
天、机械、微电子、军工、环境科学等方面都处于世界一流之列。

20 世纪 80 年代以来，英国开始推行"去工业化"战略，不断缩
减钢铁、化工等传统制造业的发展空间，将汽车等许多传统产业转移
到劳动力及生产成本相对低廉的发展中国家，集中精力发展金融、数
字创意等高端服务业。为了实现制造业复苏，英国推出了《英国工
业 2050 战略》，重点支持高价值制造。

当前英国制造业的特征主要包括：①员工人数小于 20 人的中
小型企业占英国制造业整体的 87%，但研发经费主要来自于大企
业；②英国的脱产业化或服务业化相比其他国家发展速度更快，呈
现出制造业领域减员严重的现象；③英国制造业的国际竞争力相对
较低，在研发方面特别是对新产品的投资很低，另外设备投资支出
处于较低水平。

2008 年英国提出"高价值制造"战略，鼓励英国企业在本土生
产更多世界级的高附加值产品，以加大制造业在促进英国经济增长中

的作用。英国政府推出了系列资金扶持措施，保证高价值制造成为英国经济发展的主要推动力，促进企业实现从设计到商业化整个过程的创新：使用22项"制造业能力"标准（包括五大方面：能源效率、制造过程、材料嵌入、制造系统和商业模式）作为投资依据，衡量投资领域是否具有较高经济价值。在2013~2014年度，英国资助了14个创新中心、特殊兴趣小组等机构的建设，涉及领域包括生物能源、智能系统和嵌入式电子、生物技术、材料化学等[7]。

英国政府发布关于英国制造业及全球发展的报告《制造的未来：英国的机遇和挑战新时代》，该报告将为英国的政策制定人员、立法人员以及广泛的制造业界人士服务。报告展望了到2050年制造业的发展状况，并分析了英国在制造方面存在的问题，总结了与英国政府相关的未来四个方面的关键特征：①对客户的响应更快、更密切；②新市场机遇的出现；③更好的可持续发展；④更加依赖高技能人才。报告提出了未来需要政府给予关注的三个系统性领域：①更加系统、完整地看待制造领域的价值创造；②明确制造价值链的具体阶段目标；③增强政府长期的政策评估和协调能力[8]。

2017年12月，英国政府正式推出了以"工业数字化技术"（industrial digital technologies，IDTs）为核心的《工业战略白皮书——建设适合未来的英国》。为了保证贯彻落实，英国制造技术中心（Manufacturing Technology Center，MTC）2017年10月30日受英国政府委托发布了《让制造更智能-2017评论》的报告。报告还指出英国面临工业数字化的巨大机遇：①工业数字化技术推动第四次工业革命；②IDTs对英国有巨大的潜在价值；③英国具备成为IDTs领导者的潜在优势。并明确了英国实现工业数字化的三大障碍：①IDTs应用水平低；②创新资源利用率低；③缺乏组织领导。报告还提出了英国推进工业数字化的路径与政策建议：①抢抓新工业革命战略机遇，推动英国成为全球IDTs领导者；②创建更加高效的数字化生态系统，加速IDTs的创新和应用；③推动百万工人技能升级，促进IDTs

应用推广；④破除数字技术应用的主要障碍。

2. 法国以"工业新法国"为抓手的工业发展策略

法国是全球最发达的工业国家之一，创新能力极强。近年来，法国高度重视工业的复兴。2013 年 9 月法国推出了"工业新法国"战略，旨在通过创新重塑工业实力，使法国重回全球工业第一梯队。自 2013 年以来，法国在能源转换、交通可持续发展领域取得众多重要成果。一是法国志在成为地球同步通信卫星电力驱动技术的霸主。自 2015 年起，新一代卫星开始商业化进程，2015 年 11 月 17 日，欧空局和空客防务与航天公司签订合同，采用由欧空局和法国共同出资发展的技术，设计与建造新一代通信卫星平台。二是第一架全电能飞机在 2014 年 4 月 28 日首飞，这种不使用煤油的新型飞机预计未来将投入运营。三是每百公里耗油 2 升的汽车研发工作正在着手进行，预计到 2020 年实现一部分车型商业化。四是随着电动汽车的发展，充电设施建设项目将使法国成为电力交通行业的领跑者。法国建成了欧洲第一个充电停车场，2014 年底已拥有 16 000 个充电点[9]。2015 年 5月 18 日，法国经济、工业与就业部发布"未来工业"计划，作为"工业新法国"二期计划的核心内容，主要目标是建立更具竞争力的法国工业。

"未来工业"计划包括九大优先发展领域，构成九大"法国的工业解决方案"，它们分别是：①新能源；②可持续发展城市；③生态出行；④未来交通；⑤未来医学；⑥数据经济；⑦智慧物联网；⑧数字安全；⑨智能食品。"未来工业"计划的五项主要内容包括：①大力提供技术支持；②开展企业跟踪服务；③提高工业从业者技能；④加强欧洲和国际合作；⑤推动未来工业。

"未来工业"计划是在法国有望于 3~5 年内获得欧洲或全球领先地位的市场领域内，支持企业的各种结构性计划，特别是在"增材制造"、"虚拟化工厂"和"增强现实"方面。为了实施这一"未来工业"计划，专门成立了由工业和数码技术领域组成的"未来工业联盟"，负责协调计划的各项行动。由经济、工业与数码技术部长主持的"未来工业计划指导委员会"每两个月举行一次会议，部署与检查计划的实施。

3. 日本以"人工智能"为抓手的"互联网+"工业发展策略

日本制造业优势集中在机械设备制造、汽车等方面，但在电子信息领域逐渐淡出公众视野。从 20 世纪 60 年代开始，日本经济就进入高速增长期，1960~1975 年，以重化工业为中心的日本制造业飞速发展，主要依托电器机械、汽车（运输机械）、化学、钢铁和船舶等制造业的发展。从 20 世纪 70 年代中期开始，日本的房地产业和服务业开始急剧增长，随着日元的不断升值和日元国际化，特别是 1985 年《广场协议》后，日本制造业不断向外转移，导致国内产业空心化。随着 1990 年左右泡沫经济的破灭，日本制造业开始陷入困境[10]。

日本政府于 2015 年 1 月 23 日公布了《机器人新战略》。该战略首先列举了欧美与中国的技术赶超情况，指出互联网企业向传统机器人产业的涉足给机器人产业环境带来了剧变。这些变化，将使机器人开始应用大数据实现自律化，使机器人之间实现网络化，物联网时代也将随之真正到来[11]。2015 年 6 月 9 日，日本经济产业省公布了《2015 年版制造白皮书》，声称倘若错过德国和美国引领的"制造业务模式"变革，"日本的制造业难保不会丧失竞争力"。因此，日本制造业要积极发挥 IT 的作用，建议转型为利用大数据的"下一代"制造业。外界认为这是日本对德国"工业 4.0"、美国工业互联网的应对举措。日本制造业近年来有消退的迹象，但是日本政府不断推出调整制造业方向、鼓励制造业发展的政策，努力追赶欧美。

日本发展"互联网+"工业的背景是国内市场狭小、人口老龄化加剧，特色是突出人工智能领域的探索，强调人机交互，以解决劳动力断层问题，并支持未来的工业智能化；集中有限资源，汇聚传统优势，在机器人、3D 打印等重点领域实现技术和标准的领先。与此同时，日本工业界也在"互联网+"工业标准化建设方面不断探索。2015 年 7 月，日本三菱电机等约 30 家日企组建"产业价值链主导权"联盟，共同探讨工厂互联的技术标准化，目的在于建立行业标准，并推动其成为国际标准，抢占先机。

2016 年 1 月 22 日，日本内阁会议通过第五期（2016~2020 年度）科学技术基本计划。此次计划的最大亮点是首次提出超智能社会"社会 5.0"，是日本向未来社会前进的道路标示。主要意图是最大限度应用信息通信技术（institute of computing technology，ICT），通过网络空间与物理空间（现实空间）的融合，共享给人人带来富裕的"超智能社会"。"社会 5.0"的特征是立足整个经济社会，不仅要提升产业的生产性，还要提升生活的便捷性，解决少子高龄化、能源短缺和环境可持续发展等问题。日本重新构想了工业与整个社会的关系，因此从更高一个层面构建了全新的远景图：一个面向富裕、有活力的社会。超智能社会，简单说就是精准服务，它通过整合各个社会子系统，对人类、地理、交通等大数据进行横向应用，从而实现一个充满活力与可使人们舒适度日的社会，每个人都接受高质量的服务。

该计划认为实现超智能社会的必要举措包括：①推进接口（interface）和数据格式（data format）等的标准化，促进多个系统之间的数据利用，推进所有系统共通安全性技术的升级和社会实际应用，推进构筑能够恰当进行风险管理的功能；②推进"准天顶卫星系统"（Quasi-Zenith Satellite System，QZSS）、"数据整合和分析系统"（Data Integration and Analysis System，DIAS）和"公立认证基础"等日本共通基础系统的结构调整和相关技术开发，使其所提供的诸如三维地图、测位数据和气象数据之类的信息能够在系统之间广泛灵活地应用；③强化信息通信基础技术的开发以应对系统的大型化和复杂化，强化社会测量功能，以明确对经济社会的冲击和社会成本；④积极应对个人信息保护、制造商及服务提供者的责任等社会问题，通过文理融合强化伦理、法制和社会举措以推进社会实际应用，讨论能够催生新服务和形成新业态的放松管制和制度改革等；⑤培养有利于构筑超智能社会服务平台的研究开发人才和灵活应用超智能社会服务平台创造新价值和新服务的人才；⑥考虑到这些举措也对日本研究"健康长寿社会的形成"非常有利，综合科学技术创新会议将与健康医疗战略推进本部、先进信息通信网络社会推进战略本部及网络安全战略本部携手合力推进。此外，综合科学技术创新会议围绕构筑超智能社会服务平台，不断改善产学官和相关府省的联合体制，同时也在每年制定的科学技术创新综合战略中进一步明确推进措施的重点、设定详细的目标。

2017年3月日本首相安倍晋三正式提出"互联工业"（connected industry）的概念，发表了题为"互联工业：日本产业新未来的愿景"的演讲，宣布推进"通过连接人、设备、技术等实现价值创造的互联工业"[12]。"互联工业"也进一步被纳入日本更宏大的超智能社会"社会5.0"的议程中。

日本工业价值链促进会（Industrial Value Chain Initiative，IVI）于2016年12月公开工业物联网的工业价值链参考架构（industrial value chain reference architecture，IVRA），提出了企业之间实现互联的顶层指导思路。提出了智能制造单元（smart manufacturing unit，SMU），从管理、业务活动与资产的三个视角，渗透了戴明环（PDCA①循环）的思想，凸显日本制造业的特征。2017年，IVI提出了新版参考架构"IVRA—Next"，对原有的抽象概念 IVRA，提供了更加实用化的具体路径。在第四次产业革命的浪潮中，国内外都在加速产业的数字化，该架构被日本制造业视为重要的罗盘指南针。新的架构主要变化包括：①在 SMU 的基础上，增加了具体表现

---

① PDCA：plan，计划；do，执行；check，检查；act，处理。

SMU 活动的手法；②增加了围绕 SMU 进行建模的方式；③作为 SMU 间的信息协同手段，还论述了区块链（blockchain）技术；④增加了对平台的强化，工厂中不同的业务都可以映射到数字空间中，并且通过数字技术进行处理，平台上的用例可以与实际业务活动进行一一对应；⑤推出了各种便于智能制造单元相互连接的方式；⑥推出了更新词典和分类的方式。日本正大力推行此架构模型，以期实现智能制造国际标准化[13]。

4. 韩国以"制造业创新3.0"为牵引的工业发展策略

2014 年 6 月，韩国政府参考德国"工业 4.0"战略，正式推出了被称为韩国版"工业 4.0"的《制造业创新 3.0 战略》。2015 年 3 月，韩国政府又公布了《制造业创新 3.0 战略实施方案》，这标志着韩国版"工业 4.0"战略体系的形成。韩国政府希望通过这一战略，推动本国制造业的健康发展，从而巩固其在全球制造业中的地位。在战略目标上，以促进制造业与信息通信技术相融合，从而创造出新产业，提升韩国制造业的竞争力为目标，大力发展无人机、智能汽车、机器人、智能可穿戴设备等 13 个新兴动力产业，并计划在 2020 年前打造 10 000 个智能工厂。利用云计算、物联网、大数据等新一代信息技术，推动生产全过程的智能化，实现智能工厂。由社会组织（商协会）、大企业和中小企业组成"智能工厂推进联盟"；由政府与民间筹集 1 万亿韩元，组建制造创新基金；建立产业创新 3.0 推进标准体系，并在中小企业中普及推广。在战略设计上，采取由大企业带动中小企业，由试点地区向全国扩散的"渐进式"推广策略。同时，高度重视提升韩国制造业的"软实力"，将其作为强化制造业核心竞争力主要手段之一。培养各领域专业人才，尤其是面向产业融合及不同行业的特殊需求，引导大学和职业教育机构培养复合型人才；成立东北亚研发中心，制定东北亚研发中心战略，构建东北亚技术合作网络，发掘未来经济增长新领域，共同研发气候应对以及能源等国际合作项目；与美国、德国、以色列等创新型国家联合举办高端技术交流会，进一步强化战略合作；推动国家间的产业基金研发项目的合作[14]。

《制造业创新3.0战略实施方案》提出，针对当前韩国制造业在工程工艺、设计、软件服务、关键材料和零部件研发、人员储备等领域的薄弱环节，大力投入技术研发、资金、人力等，以取得重要突破。

5. 印度着力发展"印度制造"

印度作为IT领域的强国，其软件水平较高，利用软件的高水平优势来打造印度制造。2011年，印度政府提出的《全国制造业政策》（National Manufacturing Policy）旨在将先进的软件和互联网技术应用到制造业，以服务于本国的制造业，体现了印度实现制造业复兴的决心。

《全国制造业政策》指出到2025年前计划刺激制造业的增长，制造业对GDP的贡献率将提高到25%，并新增1亿个就业岗位。目标还包括增强印度制造业在全球的竞争力、提高国内产业附加值、拓展技术深度和促进经济增长的环境可持续性。具体措施包括发展工业基础设施，通过简化和优化管理改善商业环境和开发绿色技术等。其中最引人注目的一项举措是政策提出要建设名为"国家投资和制造区"的大型综合工业城镇，辅以先进的基础设施、土地功能分区，引入清洁和节能技术以及必要的劳动力转移。此外还将建设7个国家投资和制造区。

2014年9月，印度提出"印度制造"（Make in India）计划，以扩大对外开放、吸引外资为重点，力图改变印度制造业不振境况，将印度打造成为全球制造业中心。

改革举措主要包括：①降低政府管制壁垒，加快基础设施建设。开展市场化改革，淡化经济中残留的计划体制色彩，加快制造业集群的形成，直接解决企业面临的物流难题。②税制改革。2014年7月，推出统一商品及服务税（goods and services tax，GST）改革，在全国范围内以 IT 系统作为载体，推动建立统一的商品和服务税体系。③征地制度改革。莫迪政府授权给邦政府，以各邦分而立法的方式制定征地法案。④劳工制度改革。推出《学徒条例》、《劳动法》和《工厂法》修订法案，放宽相关法律条款，给予企业雇主更大话语权。⑤采取积极的经济外交政策。经济外交以"联西望东"（Link West，Look East）为主轴，自西吸收发达国家投资，向东联通东亚和东南亚新兴经济体[15]。

（四）国外智能制造的发展对我国的启示

智能制造是中国制造的未来，是中国制造业调整结构、转变发展方式的新机遇和新挑战，也是中国制造跨越的关键核心所在。上述国家对未来制造业发展和相关问题的战略布局及对策，对同为制造大国的中国而言，值得高度关注并认真借鉴。

1. 加强智能制造融合技术的研究深度和广度

未来智能制造新模式、手段、业态的建立和发展需要进行创新技术融合应用方面的突破，具有自主知识产权的创新技术是新模式、手段和业态生命力的基础。例如，美国通过先进制造业能力的创新集群和专业创新研究中心，来加强对创新技术的研究广度和力度，数据和信息资源与工业体系的融合更为明朗，创新技术的发展更偏重人工智能、大数据等应用技术。

借鉴国外的先进经验，中国可在以下方面推进智能制造技术发展：通过智能制造技术与新一代人工智能技术深度融合，促进智能制造系统总体技术、平台技术和制造全产业链应用技术的快速发展；通过与边缘计算技术融合，带动工业现场智能化水平的提升；通过与区块链技术融合，打造更安全、智能的智能制造系统。

2. 着力推进对智能产品及智能互联产品、使能工具、平台及系统等的发展力度

为抢占全球智能制造领地的制高点，需加大对智能产品及智能互联产品、使能工具、平台及系统等的研发。例如，在智能互联产品方面，美国GE公司研发了智能互联发动机；在工具平台方面，美国GE公司推出工业互联网平台 Predix，德国西门子搭建了跨业务新数字化云端服务平台 MindSphere 等。

参考国外的先进经验，中国应该从智能产品及智能互联产品、使能工具、平台及系统等方面入手，研制具有自主知识产权的智能产品及智能互联产品，如智能传感器、智能装备等，搭建自主可控的工业互联网平台，建立不同层次的智能制造系统，进一步提升我国智能制造系统的国际竞争力。

3. 加快发展智能制造系统应用示范并加大推广力度

世界各国在推进"工业 4.0"及工业互联网落地过程中，发挥本国制造业的现有优势，大力推进信息化和工业化深度融合，打造制造业转型升级，布局重点领域的应用示范工程。例如，西门子等企业成功研发安贝格智能工厂系统。

参考国外先进经验，中国在推广普及智能制造应用示范的过程中，应以面向不同层次智能制造系统和智能工厂智能制造模式为重点，分领域组织实施智能制造推进工程。选择航空航天装备、机床、汽车、机械、纺织、冶金、石化等重点行业，通过工业转型升级、智能制造装备发展、物联网等专项，围绕推广普及智能制造单元-智能车间-智能工厂-智能制造系统，组织开展装备智能升级、工艺流程再造、基础数据共享、远程诊断维护等试点，探索应用模式，形成一系列成熟的可复制推广的应用模板，推动制造业向智能化发展转型。

第三章 "互联网+智能制造"新兴产业的国内发展现状

一、我国"互联网+智能制造"相关政策

当前，我国正面临着以"三期叠加"为突出特征的经济新常态，积极推动"互联网+""智能制造"发展日益成为激发创新活力、培育新兴业态、创新服务模式、改造传统产业的有力工具。尽管面临来自发达国家先进工业实力和发展中国家高人口红利的双重压力，我国制造业发展仍具备物质基础雄厚、人才资源密集、制造业门类健全、国内市场广阔等他国无法比拟的优势，制造业体系的转型升级大有可为。因此，引导互联网与制造业资源融合，助力"双中高"是党和政府极其重视的关键议题。在此背景下，我国密集出台了多项"互联网+"及"智能制造"政策措施，继2015年发布《中国制造2025》、"互联网+"行动计划后，2016年国家又相继推出《"互联网+"人工智能三年行动实施方案》《"十三五"国家战略性新兴产业发展规划》等，2017年发布《新一代人工智能发展规划》、国务院《关于深化"互联网+先进制造业"发展工业互联网的指导意见》，这些政策措施的推出，逐渐勾勒出未来一个时期工业与互联网深度融合的发

展蓝图（表3-1）。

表3-1 我国出台多项"互联网+智能制造"相关政策

时间	名称	要点
2007 年 10 月	《高举中国特色社会主义伟大旗帜 为夺取全面建设小康社会新胜利而奋斗——在中国共产党第十七次全国代表大会上的报告》	实现信息化和工业化的高层次的深度结合，确定两化融合的战略地位
2015 年 1 月	《国务院关于促进云计算创新发展培育信息产业新业态的意见》	到 2017 年，云计算在重点领域的应用得到深化，产业链条基本健全，初步形成安全保障有力，服务创新、技术创新和管理创新协同推进的云计算发展格局，带动相关产业快速发展
2015 年 1 月	《原材料工业两化深度融合推进计划（2015-2018 年）》	计划大力推动钢铁、有色、建材、石化、轮胎等行业智慧工厂建设。培育打造 15~20 个标杆智能工厂，并推动机器人企业研发制造 5 000 台以上专用机器人替代上述行业高危岗位、繁重劳动和特种工种
2015 年 3 月	《2015 年国务院政府工作报告》	推动移动互联网、云计算、大数据、物联网等与现代制造业结合
2015 年 5 月	《中国制造 2025》	部署全面推进实施制造强国战略。这是我国实施制造强国战略的第一个十年的行动纲领
2015 年 7 月	工信部公布 2015 年智能制造试点示范项目名单	通过点上突破，形成有效的经验与模式，以便今后在制造业各个领域加以推广与应用
2015 年 7 月	《国务院关于积极推进"互联网+"行动的指导意见》	到 2025 年，网络化、智能化、服务化、协同化的"互联网＋"产业生态体系基本完善，"互联网＋"新经济形态初步形成，"互联网＋"成为经济社会创新发展的重要驱动力量
2015 年 9 月	《国务院关于印发促进大数据发展行动纲要的通知》	推动大数据与云计算、物联网、移动互联网等新一代信息技术融合发展，探索大数据与传统产业协同发展的新业态、新模式，促进传统产业转型升级和新兴产业发展，培育新的经济增长点

续表

时间	名称	要点
2015 年 10 月	《标准联通"一带一路"行动计划（2015—2017）》	深化与"一带一路"沿线国家标准化双多边合作和互联互通，大力推动中国标准"走出去"，加快提高标准国际化水平，全面服务"一带一路"建设
2015 年 10 月	《中共中央关于制定国民经济和社会发展第十三个五年规划的建议》	实施智能制造工程，构建新型制造体系，促进新一代信息通信技术、高档数控机床和机器人等产业发展壮大
2015 年 12 月	《工业和信息化部关于贯彻落实〈国务院关于积极推进"互联网+"行动的指导意见〉的行动计划（2015-2018）》	特别提到要将"智能制造培育推广行动"作为三年规划中七大行动之一。到 2018 年，建成一批重点行业智能工厂，培育 200 个智能制造试点示范项目，初步实现工业互联网在重点行业的示范应用
2015 年 12 月	《国家智能制造标准体系建设指南》（2015 年版）	该建设指南将指导未来一段时期内智能制造国家标准和行业标准立项及制修订工作，同时也是对智能制造标准进行科学管理的基本依据
2016 年 3 月	《制造业单项冠军企业培育提升专项行动实施方案》	到 2025 年，总结提升 200 家制造业单项冠军示范企业，巩固和提升企业全球市场地位；发现和培育 600 家有潜力成长为单项冠军的企业，引领和带动更多的企业走"专特优精"的单项冠军发展道路
2016 年 3 月	《机器人产业发展规划（2016－2020 年）》	大力发展机器人关键零部件，全面提升高精密减速器、高性能机器人专用伺服电机和驱动器、高速高性能控制器、传感器、末端执行器等五大关键零部件的质量稳定性和批量生产能力的要求直指我国工业机器人产业发展的薄弱环节
2016 年 4 月	《智能制造试点示范 2016 专项行动实施方案》	该实施方案提出了智能制造试点示范 2016 专项行动的五大重点行动，是智能制造落地的举措
2016 年 5 月	《国务院关于深化制造业与互联网融合发展的指导意见》	意见部署深化制造业与互联网融合发展，协同推进"中国制造 2025"和"互联网+"行动，加快制造强国建设
2016 年 5 月	《"互联网+"人工智能三年行动实施方案》	在重点领域培育若干全球领先的人工智能骨干企业，初步建成基础坚实、创新活跃、开放协作、绿色安全的人工智能产业生态，形成千亿级的人工智能市场应用规模

续表

时间	名称	要点
2016 年 7 月	《国家信息化发展战略纲要》	纲要提出建设网络强国
2016 年 8 月	《装备制造业标准化和质量提升规划》	推进结构性改革尤其是供给侧结构性改革,促进产品产业迈向中高端,建设制造强国、质量强国
2016 年 10 月	《工业控制系统信息安全防护指南》	指导工业企业开展工控安全防护工作。随着信息化和工业化融合的不断深入,工业控制系统从单机走向互联,从封闭走向开放,从自动化走向智能化
2016 年 10 月	《信息化和工业化融合发展规划(2016-2020)》	大力推进两化深度融合工作,为推动我国制造业转型升级、重塑国际竞争新优势奠定了坚实基础
2016 年 11 月	《"十三五"国家战略性新兴产业发展规划》	把战略性新兴产业摆在经济社会发展更加突出的位置,大力构建现代产业新体系,推动经济社会持续健康发展
2016 年 12 月	《智能制造发展规划(2016-2020 年)》	作为指导"十三五"时期全国智能制造发展的纲领性文件,明确了"十三五"期间我国智能制造发展的指导思想、目标和重点任务
2017 年 7 月	《新一代人工智能发展规划》	为抢抓人工智能发展的重大战略机遇,构筑我国人工智能发展的先发优势,加快建设创新型国家和世界科技强国,国务院部署制定该规划
2017 年 11 月	《国务院关于深化"互联网+先进制造业"发展工业互联网的指导意见》	提出加快建设和发展工业互联网,推动互联网、大数据、人工智能和实体经济深度融合,发展先进制造业,支持传统产业优化升级
2018 年 5 月	《工业互联网 APP 培育工程实施方案(2018-2020 年)》	提出到 2020 年,培育 30 万个面向特定行业、特定场景的工业 APP,全面覆盖研发设计、生产制造、运营维护和经营管理等制造业关键业务环节的重点需求
2018 年 6 月	《工业互联网发展行动计划(2018-2020 年)》《工业互联网专项工作组 2018 年工作计划》	到 2020 年底我国将实现"初步建成工业互联网基础设施和产业体系"的发展目标,具体包括建成约 5 个标识解析国家顶级节点、遴选约 10 个跨行业跨领域平台等

（一）《"十三五"国家战略性新兴产业发展规划》政策解读

2016 年 11 月 29 日，国务院印发《"十三五"国家战略性新兴产业发展规划》，明确提出进一步发展壮大新一代信息技术、高端装备、新材料、生物、新能源汽车、新能源、节能环保、数字创意等战略性新兴产业，推动更广领域新技术、新产品、新业态、新模式蓬勃发展，建设制造强国，到 2020 年，战略性新兴产业增加值占国内生产总值比重达到 15%，形成新一代信息技术、高端制造、生物、绿色低碳、数字创意等 5 个产值规模 10 万亿元级的新支柱。其中关于智能制造板块，规划指出，制造业智能化、绿色化、服务化、国际化是国际发展趋势，力争到 2020 年，高端装备与新材料产业产值规模超过 12 万亿元。实施智能制造工程，构建新型制造体系，着力推进信息通信技术、高档数控机床和机器人、航空航天装备、海洋工程装备及高技术船舶、先进轨道交通装备、节能与新能源汽车、电力装备、农机装备、新材料、生物医药及高性能医疗器械十大产业智能化发展。

打造智能制造高端品牌，着力提高智能制造核心装备与部件的性能和质量，打造智能制造体系，强化基础支撑，积极开展示范应用，形成若干国际知名品牌，推动智能制造装备迈上新台阶，在重点领域开展智能工厂应用示范工程。构建网络强国基础设施，实施网络强国战略，加快建设"数字中国"，推动物联网、云计算和人工智能等技术向各行业全面融合渗透，构建万物互联、融合创新、智能协同、安全可控的新一代信息技术产业体系。深入推进"宽带中国"战略，加快构建高速、移动、安全、泛在的新一代信息基础设施。推进"互联网+"行动，深化制造业与互联网融合发展，推动"中国制造+互联网"取得实质性突破，发展面向制造业的信息技术服务，构筑核心工业软硬件、工业云、智能服务平台等制造新基础，大力推广智能制造、网络化协同、个性化定制、服务化延伸等新业态、新模式。发展人工智能，培育人工智能产业生态，促进人工智能在经济社会重点领域推广应用，打造国际领先的技术体系。

（二）《"互联网+"人工智能三年行动实施方案》政策解读

2016 年 5 月 18 日，国家发展和改革委员会（简称国家发改委）、科学技术部、工业和信息化部（简称工信部）、中央网络安全和信息化委员会办公室（简称中央网信办）等四部门印发《"互联网+"人工智能三年行动实施方案》，明确了人工智能的总体思路、目标与主要任务。到 2018 年，在重点领域培育若干全球领先的人工智能骨干企业，初步建成基础坚实、创新活跃、开放协作、绿色安全的人工智能产业生态，形成千亿级的人工智能市场应用规模。

方案指出，一是培育发展人工智能新兴产业。重点工程为核心技术研发与产业化工程、基础资源公共服务平台工程。二是推进重点领域智能产品创新。重点工程为智能家居示范工程、智能汽车研发与产业化工程、智能无人系统应用工程、智能安防推广工程。三是提升终端产品智能化水平。重点工程包括智能终端应用能力提升工程、智能可穿戴设备发展工程、智能机器人研发与应用工程。

（三）《新一代人工智能发展规划》政策解读

2017 年 7 月 8 日，国务院印发了《新一代人工智能发展规划》，从战略态势、总体要求、重点任务、资源配置、保障措施和组织实施等方面明确规划了我国新一代人工智能的发展蓝图。在规划重点任务的"加快推进产业智能化升级"一节中，对发展我国"智能制造"提出："围绕制造强国重大需求，推进智能制造关键技术装备、核心支撑软件、工业互联网等系统集成应用，研发智能产品及智能互联产品、智能制造使能工具与系统、智能制造云服务平台，推广流程智能制造、离散智能制造、网络化协同制造、远程诊断与运维服务等新型制造模式，建立智能制造标准体系，推进制造全生命周期活动智能化。"

规划内容明确指出了基于新一代人工智能技术发展我国智能制造的实现要点。要围绕制造强国重大需求，协调推进基于新一代人工智能技术的智能制造的技术、产业和应用发展；要基于新一代人工智能技术，推广新型制造模式；要基于新一代人工智能技术，推进制造全生命周期活动的智能化；要加快建立和发展基于新一代人工智能技术的我国自主的智能制造技术、标准、使能产品和系统运营等产业。

（四）国务院《关于深化"互联网+先进制造业"发展工业互联网的指导意见》政策解读

2017 年 11 月 27 日国务院发布《关于深化"互联网+先进制造业"发展工业互联网的指导意见》，明确提出深入贯彻落实党的十九大精神，认真学习贯彻习近平新时代中国特色社会主义思想，以供给侧结构性改革为主线，以全面支撑制造强国和网络强国建设为目标，明确了我国工业互联网发展的指导思想、基本原则、发展目标、主要任务以及保障支撑。该指导意见是我国推进工业互联网的纲领性文件，为当前和今后一个时期国内工业互联网发展提供了指导和规范。

指导意见中提出了打造网络、平台、安全三大体系，推进大型企业集成创新和中小企业应用普及两类应用，构筑产业、生态、国际化三大支撑七项任务。同时综合考虑全球工业互联网发展共性特点和我国突出短板，重点突出了网络基础、平台体系、安全保障、融合应用及配套保障措施五个方面的任务。

（五）《工业互联网发展行动计划（2018-2020 年）》政策解读

2018 年 6 月 7 日，工信部印发了《工业互联网发展行动计划

（2018-2020年）》，指出2018~2020年是我国工业互联网建设起步阶段，对未来发展影响深远。为贯彻落实国务院《关于深化"互联网+先进制造业"发展工业互联网的指导意见》要求，深入实施工业互联网创新发展战略，推动实体经济与数字经济深度融合，该计划以在2020年底初步建成工业互联网基础设施和产业体系为行动目标，并提出了十项重点任务：①基础设施能力提升行动；②标识解析体系构建行动；③工业互联网平台建设行动；④核心技术标准突破行动；⑤新模式新业态培育行动；⑥产业生态融通发展行动；⑦安全保障水平增强行动；⑧开放合作实施推进行动；⑨加强统筹推进；⑩推动政策落地。

在对各类政策规划分析的基础上，形成以下三点内容。

一是以"互联网+"为平台，促进产业升级。

立足于制造大国转型升级的大背景，发挥我国互联网已形成的比较优势，促进产业转型升级是我国"互联网+"工业核心特征之一。《国务院关于积极推进"互联网+"行动的指导意见》指出要"充分发挥互联网在促进产业升级以及信息化和工业化深度融合中的平台作用……推动生产方式和发展模式变革"，到2018年互联网在促进制造业等产业转型升级方面取得积极成效；要求切实推动互联网与制造业融合，提升制造业数字化、网络化、智能化水平，加强产业链协作，发展基于互联网的协同制造新模式。由此可见，依托互联网改造传统制造业，实现工业体系的泛在互联、信息互通、资源共享、能力协同，形成创新型"互联网+"工业协作网络，将是我国从制造大国向制造强国转变的重要途径。

二是以智能制造为主攻方向，强调重点领域突破。

以智能制造为主攻方向，带动信息化与工业化的大融合，着力发展智能装备和智能产品，推进生产过程智能化，培育新型生产方式，全面提升企业研发、生产、管理和服务的智能化水平。《中国制造2025》指出：到2025年，制造业重点领域全面实现智能化，试点示范项目运营成本降低 50%，产品生产周期缩短 50%，不良品率降低 50%。可见智能制造的引领作用将至关重要。

与此同时，《新一代人工智能发展规划》也明确了重点发展的领域和关键技术，指出加快推进产业智能化升级，需要加快培育具有重大引领带动作用的人工智能产业，促进人工智能与各产业领域深度融合，形成数据驱动、人机协同、跨界融合、共创分享的智能经济形态。

此外，在信息技术产业、数控机床和机器人、人工智能等方面将集中性地投入资源，目标是核心技术对外依存度明显下降，基础配套能力显著增强，形成具有自主知识产权的高端产品，技术实力达到世界先进水平，并在国际市场上占据重要地位，如图 3-1 所示。

图 3-1 我国"互联网+"工业重点领域

三是以关键技术为保障，支撑"互联网+"工业发展。

加强网络基础设施、大数据、云计算平台等公共服务平台的建设是当前"互联网+"工业相关政策指向的重点。在加强互联网基础设施建设方面，《中国制造 2025》指出，加强工业互联网基础设施建设规划与布局，建设低时延、高可靠、广覆盖的工业互联网。针对信息物理系统网络研发及应用需求，组织开发智能控制系统、工业应用软件、故障诊断软件和相关工具、传感和通信系统协议，实现人、设备与产品的实时联通、精确识别、有效交互与智能控制。在工业大数据建设方面，《促进大数据发展行动纲要》提出推动大数据在工业研发设计、生产制造、经营管理、市场营销、售后服务等产品全生命周期、产业链全流程各环节的应用，分析感知用户需求，提升产品附加价值，打造智能工厂。在云平台建设方面，国务院《关于促进云计算创新发展培育信息产业新业态的意见》提出鼓励大企业开放平台资源，打造协作共赢的云计算服务生态环境。引导专有云有序发展，鼓励企业创新信息化建设思路，在充分利用公共云计算服务资源的基础上，立足自身需求，利用安全可靠的专有云解决方案，整合信息资源，优化业务流程，提升经营管理水平。

二、我国"互联网+智能制造"发展现状

1. 技术方面

2009 年我国率先提出基于云制造的智能制造模式、手段和业态，相比美国、德国的"工业互联网""工业 4.0"，其提出时间更早，经多年发展，其阶段性成果已在国际学术界得到良好的引用和认可，参见 ASME（American Society of Mechanical Engineers，美国机械工程师协会）2013~2016 年四次年会[16,17]。

"智能制造关键技术装备实现重要突破，高档数控机床、工业机器人、智能仪器仪表、增材制造等领域快速发展。智能制造标准体系初步构建。"①

我国正处在从制造大国走向制造强国、从中国制造向中国创造转变的关键历史时期，我国制造业正从价值链的低端走向中高端，针对

---

① 苗圩在全国智能制造试点示范经验交流会上发表三点意见. https://www.sohu.com/a/108083571_ 119737，2016-07-28.

这些现状，我国政府先后推出了《中国制造 2025》、《国务院关于积极推进"互联网+"行动的指导意见》、《国务院关于深化制造业与互联网融合发展的指导意见》、《"十三五"国家战略性新兴产业发展规划》以及《国务院关于深化"互联网+先进制造业"发展工业互联网的指导意见》等国家级战略规划。

其中，《中国制造 2025》从国家层面确定了我国建设制造强国的总体战略，明确提出"坚持走中国特色新型工业化道路，以促进制造业创新发展为主题，以提质增效为中心，以加快新一代信息技术与制造业深度融合为主线，以推进智能制造为主攻方向，以满足经济社会发展和国防建设对重大技术装备的需求为目标，强化工业基础能力，提高综合集成水平，完善多层次多类型人才培养体系，促进产业转型升级，培育有中国特色的制造文化，实现制造业由大变强的历史跨越"。《"十三五"国家战略性新兴产业发展规划》也明确提出，"实施网络强国战略，加快建设'数字中国'，推动物联网、云计算和人工智能等技术向各行业全面融合渗透，构建万物互联、融合创新、智能协同、安全可控的新一代信息技术产业体系"。在最新发布的《国务院关于深化"互联网+先进制造业"发展工业互联网的指导意见》中进一步明确了以下几点：在网络基础方面，"夯实网络基础。推动网络改造升级提速降费。面向企业低时延、高可靠、广覆盖的网络需求，大力推动工业企业内外网建设。加快推进宽带网络基础设施建设与改造，扩大网络覆盖范围，优化升级国家骨干网络"；在平台体系方面，"通过企业主导、市场选择、动态调整的方式，形成跨行业、跨领域平台，实现多平台互联互通，承担资源汇聚共享、技术标准测试验证等功能，开展工业数据流转、业务资源管理、产业运行监测等服务。推动龙头企业积极发展企业级平台，开发满足企业数字化、网络化、智能化发展需求的多种解决方案。建立健全工业互联网平台技术体系"；在安全保障方面，"督促工业互联网相关企业落实网络安全主体责任，指导企业加大安全投入，加强安全防护和监测处置技术手段建设，开展工业互联网安全试点示范，提升安全防护能力。积极发挥相关产业联盟引导作用，整合行业资源，鼓励联盟单位创新服务模式，提供安全运维、安全咨询等服务，提升行业整体安全保障服务能力。充分发挥国家专业机构和社会力量作用，增强国家级工业互联网安全技术支撑能力，着力提升隐患排查、攻击发现、应急处置和攻击溯源能力"；在融合应用方面，"提升大型企业工业互联网创新和应用水平""加快中小企业工业互联网应用普及"。

近年来，我国在智能制造技术方面已取得了一些成果。随着新互联网技术、新信息通信技术、新一代人工智能技术的快速发展，我们深刻认识到"互联网+""人工智能+"的时代正在到来，新技术为加强云制造的智能化提供了技术支撑，因此在 2012 年提出了"智慧云制造"（云制造 2.0）的概念，开始了智能制造云的研究与探索[1]。在此基础上，智能制造关键技术装备也实现重要突破，高档数控机床、工业机器人、智能仪器仪表、增材制造等领域快速发展，智能制造标准体系初步构建。

我国的智能制造技术体系雏形已经基本形成，但是体系仍有待进一步完善，特别是随着新互联网技术、新信息通信技术和新一代人工智能技术的不断发展，要实现新技术之间的交叉融合还存在一定的技术壁垒和障碍，目前还尚未形成开放兼容、完整的技术体系。例如，网络、信息技术、人工智能等共性关键使能技术的研究力度仍然不足，自主核心技术有待提高；高性能嵌入仿真/边缘计算技术、智能大数据引擎技术、人机共融技术、区块链技术等系统平台技术的研究应用有待进一步突破；基于新一代人工智能技术的智能制造安全技术、评估技术、标准化技术等也都亟待完善和发展。

随着新互联网技术、新信息通信技术、新一代人工智能技术等新技术的创新发展，以及这些新技术与智能制造技术的深度融合，智能制造技术的发展呈现出以下四个发展趋势：智能互联产品飞速发展；传统互联网向泛在网络（包含互联网、物联网、车联网、移动互联网、卫星网、天地一体化网、未来互联网等）发展；基于边缘计算技术的边缘制造逐步兴起；与新一代人工智能、虚拟现实（virtual reality，VR）、增强现实（augmented reality，AR）和高性能嵌入式仿真等技术充分融合发展。

1）智能互联产品飞速发展

针对各种智能产品不断涌现，但产品之间缺少互联互通的现状，智能互联产品的智能部件和连接部件研发将成为未来智能制造发展的重点。智能互联产品能够实现人、智能设备、外界环境的感知与互联，促进智能产品之间的互感、分工协同，完成更加高级、复杂的任务，实现更高层次的智能化。

2）传统互联网向泛在网络发展

互联网、物联网、车联网、移动互联网、卫星网、天地一体化网、未来互联网等技术已慢慢融入各行各业，并逐步替代传统的互联网。随着移动终端、传感网络、可穿戴设备、感知设备等逐渐遍布世界，泛在网络将会史无前例地连接着世界上的个体和群体，将各种机器、设备、设施与先进的传感器、工业软件和平台相连接。

3）基于边缘计算技术的边缘制造逐步兴起

在智能制造智能化改造升级过程中，随着智能终端与其接入规模的急速扩展，传统集中式信息处理与管理模式已不再适用，将逐步演进为分布式处理与集中式管理相结合的混合模式。边缘计算技术与智能制造技术融合应用，才能满足工业现场智能化改造升级的需求。边缘计算采用物端的嵌入式计算能力，以分布式信息处理的方式实现物端的数据分析和智能化处理，更加高效安全，并与云计算相结合，建立"云计算+边缘计算"的新型设备连接和数据处理方式，通过云端的交互协调，提高工业数据处理效率和信息安全水平，实现系统整体的智能化。根据预测，未来将有数以百亿计的终端设备互联，超过50%的数据需要在物端分析、处理和存储。

4）与新一代人工智能等技术充分融合

人工智能技术已经进入了新一代，其主要特征是数据驱动下深度强化学习的直觉感知、基于网络的群体智能、人机和脑机交互的技术导向混合智能、跨媒体推理及自主智能无人系统等。智能制造未来将走向更高层次的智能化，新一代人工智能技术与智能制造技术的深度融合，将不断促进智能制造系统总体技术、平台技术，以及智能设计、智能生产、智能管理、智能试验、智能保障等制造全生命周期活动的智能化关键技术，进而形成满足智能制造产业发展需求的技术创新体系。

2. 产业方面

目前，我国智能制造产业虽尚未形成明显的产业聚集区，但集聚特征已基本呈现。

在智能产品与智能互联产品方面，近年来我国在智能硬件、车联网等产品和服务上都有所突破。以智能硬件设备为例，2015 年全球智能穿戴设备零售市场规模达 7 200 万台，同比增长 132%，预计智能穿戴设备的整体市场出货量至 2020 年有望达到 1.969 亿台；就我国而言，2014 年市场零售量是 430 万台，而 2015 年则达到 1 680 万台，总量接近全球的 1/4，增长速度显著高于全球增速。

在智能制造产业使能工具方面，近年来我国加大对数控机床、机器人等工具的研发投入，取得了一定的成绩，但与先进国家相比仍有差距。以数控机床产业为例，虽然我国整体产业规模很大，但产品仍处于全球产业链的中低端，国内市场需求与行业供给能力不适应，大量中高档数控机床依赖进口，以 2014 年为例，国内高档系统的自给率不到 10%，约 90%依赖进口，其中日本是主要的进口来源国，约占三分之一。

下面将从重点地区、重点行业和典型企业的角度分析产业发展现状。

1）重点地区的产业发展现状

（1）北京市。

在智能装备方面，北京近年来在智能制造关键技术和核心装备领域取得一批重大创新成果；在公共服务平台方面，北京智能制造公共服务建设全国领先；在系统解决方案方面，北京拥有一大批全国知名的系统解决方案提供商，进一步凸显了北京智能制造的综合创新实力和集成服务能力；在智能制造标准创制方面，北京逐步成为全国智能制造标准的高地。

在应用发展方面，一批企业承担国家智能制造新模式应用项目和国家智能制造试点示范任务；一批企业通过实施数字化车间、智能工厂技术改造和建设，成为重点产业智能转型发展的标杆；一批企业积极探索京津冀联网智能制造。

2017年5月15日发布的《"智造100"工程实施方案》中提出，"到2020年，传统优势产业普及数字化制造，电子信息、汽车交通、高端装备、生物医药等重点领域智能转型取得明显进展。""实施100个左右数字化车间、智能工厂、京津冀联网智能制造等应用示范项目。""打造60个左右智能制造标杆企业，形成北京智能制造经验与模式，在全市制造业各领域推广与应用。""人均劳动生产率、资源能源利用效率大幅提升，运营成本、产品研制周期、产品不良品率显著降低。""在智能制造核心装备、关键部件、支撑软件等领域，培育5家以上单项冠军企业。"

（2）上海市。

上海市经济和信息化委员会2017年印发了《关于上海创新智能制造应用模式和机制的实施意见》，提出"实施智能制造应用'十百千'工程（培育10家引领性智能制造系统解决方案供应商，建设100家示范性智能工厂，带动1 000家企业实施智能化转型），坚持应用牵引、软硬协同、分类施策、政府引导，大力推广智能制造应用新模式，建立智能制造应用新机制，到2020年，力争把上海打造成为全国智能制造应用的高地、核心技术的策源地以及系统解决方案的输出地。"

积极推进和落实《中国制造 2025》规划,在浦东新区临港地区启动建设国际智能制造中心临港行动方案编制工作,提出要以前沿引领、跨界融合、重点突破为原则,把临港地区打造成为辐射带动长三角地区、服务我国制造业能级提升并在全球具备一定影响力的"国际智能制造中心"。

上海交通大学与临港管委会共同研究组建"上海智能制造研究院"和"上海交通大学智能制造创新中心",由临港集团与上海交大产业集团共同出资组建的"上海交大临港智能制造创新科技有限公司"(即智能制造平台公司)也正式运营。

上海智能制造研究院主要侧重于智能制造共性技术研发、试验测试环境建设、高端人才培养等方面,为临港地区以及上海的企业创新活动提供支撑与服务。目前,上海智能制造研究院作为上海市首批研发与转化功能型平台之一,正在加紧建设中,已完成了步行机器人、智能维护、智能检测等实验室的研发环境建设。上海科技创新中心的建设规划将打造若干科技创新区,其中临港作为智能制造承载区,推动国际智能制造中心建设。同时,临港地区集聚了一批高端产品制造企业,具有较为完整的产业链。智能制造作为加快产业转型升级的突破口,是重塑制造业竞争力的新引擎,临港地区的产业发展急需打造智能制造服务平台。而智能制造平台公司则主要侧重于技术成果的产业化,包括研究院的成果、上海交通大学的成果等。目前通过平台公司正在实施的产业化项目包括汽车发动机国产化制造装备与工艺、航空发动机关键零部件试验、燃料电池极板制造等。作为上海建设具有全球影响力的科技创新中心的主体承载区,如今的临港地区是高端装备制造领域的高地。

(3)深圳市。

深圳市最新发布的《〈中国制造 2025〉深圳行动计划》指出,

"以加快新一代信息技术与制造业深度融合为主线，以推进智能制造为主攻方向，坚持市场主导与政府引导相结合，夯实工业基础，推动制造业转型发展实现新跨越，努力建成国内制造业的先锋城市、国际知名的高端制造业城市。""力争通过'两步走'，到 2025 年初步形成创新活跃、结构优化、规模领先、配套完善、服务发达、世界一流的产业体系，打造国际领先的智能制造生产方式、产业形态、商业模式和管理体系，成为国内智能制造、绿色制造、高端制造的排头兵。第一步：到 2020 年，创新能力大幅提升，科技支撑能力明显增强。全社会研发投入超过 1 105 亿元，占 GDP 比重达到 4.25%以上，每万人拥有发明专利 76 件以上，建成 10 家左右具有国际影响力的重大创新平台，争取 2~3 家国家制造业创新中心落户深圳。突破一批核心关键技术，建设一批智能制造标准化体系及公共服务平台。先进制造产业规模大幅增长，在通讯设备等领域培育规模超万亿的产业集群，在机器人、可穿戴设备和智能装备等领域培育规模超过两千亿的产业集群，在新能源汽车、海工装备、集成电路设计等领域形成规模超千亿的产业集群，在医疗器械等领域形成规模超过五百亿级产业集群。制造业发展的'绿色含量'显著提升，万元 GDP 碳排放、万元GDP 能耗及水耗大幅下降。第二步：到 2025 年，跻身国际制造业强市之列。创新能力显著提升，打造国际创客中心和创投之都。制造产品的性能稳定性、质量可靠性、环境适应性、使用寿命等指标达到国际先进水平，打造一批特色鲜明、竞争力强、市场信誉好的产业集群区域品牌。宽带普及、数字化研发设计工具普及率、关键工序控化率显著提高，生产过程、管理体系、服务方式、产业形态的智能化水平显著提高。绿色制造体系基本建立，制造业绿色发展和主要产品单耗达到世界先进水平。"

（4）小结。

目前，我国智能制造产业虽尚未形成明显的产业聚集区，但集聚特征已基本呈现。例如，以北京为聚点的京津冀地区，以上海为聚点的长三角地区，以及以深圳为聚点的珠三角地区的智能制造产业集群化分布格局初步显现。其中，京津冀地区的智能制造产业以北京、天津、河北为核心地区，京津冀三地在智能装备、创新平台、数字化车间和智能工厂智能制造应用示范等方面各具优势，已培育出一批优势突出、特色鲜明的智能制造产业集群。长三角地区的智能制造产业主要以上海、江苏和浙江为核心区域，目前三个重点区域均已通过强化区域优势产业和培育高端产品制造企业方式，打造辐射性的国际智能制造中心，培育具备完备产业链的智能制造产业集群。珠三角地区的智能制造产业已在人才、科技、资本等生产要素市场、产业配套能力和政策支持等方面具备较为雄厚的发展基础，已初步显出智能制造产业集聚发展特征。2017 年上半年，上海市智能制造产业完成总产值约 4 700 亿元，比上年同期增长 6.8%。深圳把创新确立为发展战略，已经取得了一定的成效，2016 年，深圳全社会的研发投入达到了 800 亿元，支持工业企业技术改造 235 个项目并针对机器人、可穿戴等重点领域进行专项政策支持。

2）重点行业发展现状分析

（1）工业机器人行业。

第一，工业机器人产销量大幅增长。

2017 年上半年工业机器人产量同比增长 52.3%，比上年同期高出 24.1 个百分点，比上年全年增速高出 18 个百分点。国际机器人联合会（International Federation of Robotics，IFR）发布的数据显示，2016 年中国工业机器人销量同比增长 31%，远高于 14% 的世界平均增速。

我国机器人密度仍处于较低位置。据 IFR 统计，世界各地的生产自动化正在加速，2017 年全球工业机器人密度达到 74（每 10 000 名员工拥有 74 个机器人单位）。我国机器人密度增长十分迅速，从 2013 年的 25 增加到 2016 年的 68，在全球排名第 23 位，仍有很大空间。

未来几年中，机器人产业将迎来更加快速的增长。据预测，工业机器人在未来将以25%的复合增长率增加，国产机器人的复合增长率将达到 80%。随着工艺和技术成熟带来的生产成本降低，预计到2020 年国产机器人利润复合增长率将超过 80%。当前，我国生产制造智能化改造升级的需求日益凸显，工业机器人的市场需求旺盛，到2020 年，国内市场规模将进一步扩大到 58.9 亿美元。

目前产业链下游机器人用户企业转型自供机器人。例如，美的集团收购德国库卡公司后，与以色列运动控制系统解决方案提供商Servotronix 达成战略合作等。此外，投资并购与自主研发双轮驱动。在自动化、智能化转型的过程中形成了以资本为纽带快速布局和以创新为核心自主研发两种模式。例如，格力集团将机器人定位为未来转型重要方向，已在工业机器人、智能 AGV（automated guided vehicle，自动导引运输车）、注塑机械手等 10 多个领域进行投入[18]。

第二，政策红利将持续释放。

2006 年以来国家科学技术部、国务院、工信部等从顶层设计角度为我国机器人的发展制定相应政策要求，一方面，有利于督促地方政府加快扶持发展地方机器人产业；另一方面，有利于激发机器人企业的创新动力（表 3-2）。在政策的促进下，我国工业机器人产业将继续迅猛增长。

表 3-2　机器人产业政策梳理

时间	发布单位	名称	要点
2006 年 2 月	国务院	《国家中长期科学和技术发展规划纲要（2006-2020 年）》	将智能机器人列入前沿技术中的先进制造技术
2016 年 3 月	国务院	"十三五"规划纲要	大力推进机器人的创新和产业化
2016 年 3 月	工信部、国家发改委、财政部	《机器人产业发展规划（2016-2020 年）》	自主品牌工业机器人年产量达 10 万台，服务机器人年销售收入超过 300 亿元

续表

时间	发布单位	名称	要点
2016年7月	国务院	《"十三五"国家科技创新规划》	开展下一代机器人技术研究，工业机器人实现产业化，服务机器人实现产品化，特种机器人实现批量化应用
2016年11月	国务院	《"十三五"国家战略性新兴产业发展规划》	推动专业服务机器人和家用服务机器人应用
2016年12月	工信部、财政部	《智能制造发展规划（2016-2020年）》	促进服务机器人等研发、设计和产业化
2016年12月	工信部、国家发改委、国家认证认可监督管理委员会	《关于促进机器人产业健康发展的通知》	开拓工业机器人应用市场，推进服务机器人试点示范
2017年7月	科学技术部	《"智能机器人"重点专项2017年度项目申报指南》	围绕智能机器人基础前沿技术、新一代机器人、关键共性技术、工业机器人、服务机器人、特种机器人6个方向，启动42个项目，经费约6亿元
2017年12月	工信部	《促进新一代人工智能产业发展三年行动计划（2018-2020年）》	到2020年，智能家庭服务机器人、智能公共服务机器人实现批量生产及应用，医疗康复、助老助残、消防救灾等机器人实现样机生产，完成技术与功能验证，实现20家以上应用示范

（2）数控行业。

数控技术和数控机床是制造业现代化的基础，是一个国家综合国力的重要体现。我国在从制造大国向制造强国转变的过程中，大力发展数控技术具有重要重义。数控系统是数控机床装备的核心关键部件。数控系统可用于数控机床的生产，也可以对原有的数控机床或非数控机床进行系统升级、改造，其具体的应用市场为机电行业，包括机械、电子、汽车、航空、航天、轻工、纺织、冶金、煤炭、邮电、船舶等。另外，航空航天、船舶制造、大型电站设备、冶金设备、汽车制造等都是我国机床业的下游产业，都离不开高档机床，因而也为数控系统的发展提供了广阔的空间。据前瞻产业研究院分析，2020年我国数控机床行业的资产规模将达到 2 720 亿元。

第一，数控行业智能化进程加快。

智能机床是先进制造技术、信息技术和智能技术集成与深度融合的产物，是数控机床发展的高级形态。国产高档数控系统在智能化功能的研发上取得可喜进展，华中数控、广州数控、大连光洋、沈阳高精和航天数控 5 家企业均攻克了数控系统软硬件平台、高速高精、多轴联动、总线技术、纳米插补等一批高档数控系统关键技术，研制出全数字总线式高档数控系统产品，实现从模拟接口、脉冲接口到全数字总线控制、高速高精的技术跨越。一批数控机床主机制造企业通过科技攻关，在主机上集成应用智能化技术，提高了数控机床的使用性能。具有一定智能功能的国产高档数控机床示范应用效果明显；由云南 CY 集团有限公司承担的工信部首个"智能制造装备项目"——《高档数控车床制造数字化车间的研制与示范应用》于 2016 年 8 月通过验收；"数控机床互联通讯协议标准与试验验证"项目启动。

随着人工智能技术的发展，为了满足制造业生产柔性化、制造自动化的发展需求，数控机床的智能化程度在不断提高。具体体现在加工过程自适应控制技术；加工参数的智能优化与选择；智能故障自诊断与自修复技术；智能故障回放和故障仿真技术；智能化交流伺服驱动装置；智能 4M〔测量（measurement）、建模（modelling）、加工（manufacturing）、机器操作（manipulator）〕数控系统几个方面。

第二，积极出台国家支持政策。

编制"十三五"规划指导性文件——《中国机床工具 2020》，

其中"智能制造"被列为"十三五"数控机床技术发展的重要方向，并提出数控机床智能化发展任务和重点研发内容。贯彻国家《智能制造发展规划（2016-2020年）》。机床协会组织行业重点企业积极承担国家智能制造新模式示范项目，积极参与国家智能制造标准制定工作。由中国机床工具工业协会牵头组织成立"数控机床互联通讯协议标准联盟"，启动"数控机床互联通讯协议标准与试验验证"项目工作。

（3）家电行业。

伴随着互联网的高速发展，"科技+互联网"已成为大势所趋。而搭载互联网技术的家电产品更是为家电行业的发展提供了新鲜的血液。家电智能化为中国家电企业的发展带来了全新的思路，同时由中国制造向中国"智"造之路的转型，迫在眉睫。

第一，我国智能家电用户规模小，智能化潜力大。

从市场总体用户规模来看，中国智能家电类应用用户规模小于1 000万台，总体渗透率约为6.6‰，市场成长潜力巨大。根据HisMarket市场预测，国内智能家电使用规模将在2025年达到2 832万台，基于该用户群体产生的大数据服务将可衍生出O2O（online to offline，线上到线下）与智能管家服务，具有巨大的价值与前景。2020年白电、生活电器、厨房电器智能化率将分别达到45%、28%和25%，智能家电未来五年将累计带来1.5万亿元的市场需求。由此可见，未来智能化家电所带来的利润空间是无比巨大的，1.5万亿元的市场需求将为整个家电行业的进一步腾飞带来巨大的推动力。

第二，龙头企业带动家电行业转型智能制造。

中国是一般工业领域机器人应用的最大单一市场。格力、海尔、美的三大白电巨头智能生产的经验一旦沉淀下来，顺势向机器人和自动化领域延伸，便可形成新的增长点。因此，海尔搭建了COSMO平台，想把智能制造打造为业务增长点。美的收购全球四大机器人公司之一德国库卡集团，修筑机器人和自动化的"第二跑道"。格力也重金投入，积极研发、制造机器人和数控机床。

海尔明确提出，支持自身转型的同时，把互联工厂的模式推广复制，将智能制造做成一个新的产业，实现市场化运营，未来将带来收益。美的副总裁顾炎民表示，中国在一般工业领域的机器人密度，只相当于德国的十分之一，有很大发展空间。同时中国劳动力工资不断上升，机器人成本不断下降，机器换人的投资回报期从以前的 5 年下降到现在的 1.6 年。而格力的六轴机器人，在 2017 年全国"两会"期间，也首次亮相。格力电器董事长兼总裁董明珠表示，未来格力电器将紧密围绕机器人和精密机床两大领域进行深入研究，在完成格力自身制造系统转型升级的同时，为"中国制造 2025"提供一批完全自主研发的高端装备。

第三，积极布局工业机器人。

高工产研机器人研究院指出，机器人在家电行业的应用，近年来增长速度超过 30%。美的、海尔、格力、长虹等家电巨头在机器人领域的布局尤为迅速。高工产研调研数据显示，家电行业的自动化率依然偏低，只有 20%左右，机器人的应用大部分还只停留在简单上下料、搬运码垛、包装装配等领域，因此全方面布局工业机器人有很大的发展空间。2010 年中国工业机器人销量仅为 14 978 台，到 2016 年已是 9 万台，市场规模增长超过 5 倍。根据工信部发布的规划，到 2020 年中国自主品牌的工业机器人年产量将达到 10 万台。

作为智能制造重要的支撑力量，工业机器人无疑在中国找到了庞大的市场。家电业作为中国制造业的骨干，更是大力推进智能制造，而进军并布局机器人产业，系统深入完成对智能制造从机器人到智能产业链的垂直一体化布局，正是掌握智能制造的新钥匙。美的、海尔、格力、长虹、TCL 等家电巨头，也纷纷通过自身的直接投资手段，进入机器人产业。对于中国这些家电巨头今后的发展，面向智能制造的布局和自主话语权体系打造，至关重要。而拥有机器人的研发、制造和协同能力无疑是"重中之重"。

（4）小结。

智能制造越来越广地覆盖到制造业的各个行业，涉及智能装备和产品、行业、智能服务等多个行业。通过对传统行业智能制造商业模式、组织形态、智能制造系统解决方案等方面的变革，来适应"互联网+智能制造"时代发展的需求。例如，工业机器人技术和工艺日趋成熟、成本快速下降，具备更高的经济效率，随着智能技术的快速发展，实现人机共融将成为工业机器人下一个要攀登的高峰，也是实现产业跃升的新兴增长点。高端数控机床在智能化功能的研发上取得可喜进展，关键智能产品、核心部件不断突破，基础数据全方位共享，工艺流程优化改造，促进基于新一代信息通信技术、人工智能技术的高端装备产业不断发展壮大，更大程度地满足智能制造产业发展模式。家电行业积极改变行业传统的以出售硬件终端赚取成本差价的商业模式，通过构建智能云平台，发挥数据、交互、服务等方面的优势而获得收益。

3）典型企业发展现状分析

（1）航天云网。

中国航天科工集团下属的航天云网公司，以"互联网+智能制造"为发展方向，以建立智慧云制造新模式、新手段、新生态为核心，以提供覆盖产业链全过程和全要素的生产性服务为主线，以支持工业 2.0/3.0/4.0 同步发展为途径，以技术创新、商业模式创新和管理创新为重要战略举措，依托航天科工雄厚的科技创新和制造资源，开放整合社会资源，构建以总体研究和专业技术为牵引、以区域市场为支撑的组织体系，形成以"制造与服务相结合、线上与线下相结合、创新与创业相结合"为特征，适应互联网经济业态与新型工业体系的航天云网生态系统。

第一，立足"互联网+协同制造"，推广区域、行业云服务。

航天云网基于"互联网+协同制造"的理念，结合云计算、物联网与大数据等先进技术，充分发挥智慧云制造在生产要素配置中的优化与集成作用，全面整合区域范围的产业配套需求与能力，建立起立足区域、面向全国的区域云，打通产业链的薄弱环节、增强集聚效应，并根据行业的特定需求，建立起提供定制化的解决方案的行业云。多层次打造数字化、网络化、智能化、协同化的开放平台，构建结构合理、智能配套的工业体系与产业生态。

区域云现已在贵州建成贵州工业云，项目作为"云上贵州""7+N"云工程的重要组成部分，以资源整合与技术创新为贵州省大数据产业发展提供数据来源，带动大数据关联产业应用发展，促进信息消费，为经济增长提供新的支撑点，为两化深度融合与工业企业创新发展提供服务支持。南康家具产业集群"互联网+智能制造"的转型升级解决方案，打造的 1+1+N "互联网+家具"智能制造云平台（康居网），实现南康家具产业由价值链低端向高端转移，助推南康家具产业成为促进南康经济发展动力最强劲、拉动最有效、惠及老百姓最广泛的产业。

第二，智能化工厂改造，推进企业实现全面升级。

航天云网重点开展智能工厂改造、生产装备智能化升级、工艺流程改造和基础数据共享等服务，将企业各项制造业务及服务与云端联通，实现制造相关环节柔性化改造，推进企业全部经营活动的数字化、网络化、智能化。

航天某企业的弯管生产线经航天云网对线上线下的整体智能化改造，现已形成线上以商务协作、跨企业协同设计和跨企业协同生产为主要目的，线下以精益生产、车间透明化管理和生产自动化智能化为主要目的的新生产模式。

第三，基于航天云网，打造多级双创平台。

航天科工双创示范基地的核心建设内容为"一网三平台、线下多中心、四众一生态"。一网三平台：以航天云网作为基础支撑，着力打造面向航天科工集团内部的专有云双创平台、面向央企的创新创业平台，以及对社会开放的航天云网双创平台等三大网上载体，集聚线上资源，基于航天云网有效支撑内部双创、央企双创与社会双创。

航天云网双创示范基地依托航天科工现有线下资源，目标打造北京中关村、江西南昌、四川成都、广东深圳等线下科创服务中心，升级北京雍和航星园、南京 1865 创意产业园已有空间，联合中钢科创展交中心等优质央企双创资源，建立覆盖华北、华东、华中、华南、西南等区域中心的多点互动的航天云网双创示范基地全国布局。

（2）三一集团。

近年来，三一集团紧跟《中国制造 2025》战略部署，积极推进两化融合体系工作，形成了智能化制造、装备智能化、智能服务的完整产业链模式下的集成示范应用，集合优势智力资源，打造智能工厂。

第一，聚集资源形成全产业链集成示范应用。

三一集团数字化车间/智能工厂相关技术的应用示范如下。

一是面向精益制造的数字化车间。通过全三维环境下的数字化工厂建模和工业设计软件以及产品全生命周期管理系统应用、多车间协同制造环境下的 SanyMES，实现计划与执行一体化、物流配送敏捷化、质量管控协同化。

二是面向服务型制造的智能服务云平台。以设备运维过程数据和生产过程数据为基础，形成大数据分析与决策平台，以"互联网+"为创新工具，形成客户和产品的 360 度分析，通过 CRM、互联网产品、ECC（enterprise command center，企业指挥中心）、客户互动中心、大数据分析平台，全面提升客户洞察、营销互动、配件服务、融资债权、调剂租赁等服务的管理水平。

第二，精益管控大幅度提高自主研发能力。

全产业链示范应用大幅度提高三一集团自主研发能力，实现了三一集团全球研发体系的协同，新研发产品平均每年增加 52 件，新增知识产权 142 项/年，研发周期平均缩短 1.5 年，研制周期缩短 30%。

通过数字化车间建设，实现对整个生产过程的精益管控，大大提高产品制造过程的质量、物流、生产管控程度，企业生产效率提高24%以上，生产周期缩短28%，减少生产中的误操作40%，不良品率下降14%，物流运作效率提高18%以上，送货速度提高12%；节省人力成本约20%，总体制造运营成本降低28%，生产节能7%。

三一集团面向服务型制造的智慧服务体系建设，可持续提升在售后服务环节上的高效、贴心的形象，使得可跟踪追溯的物料达到90%以上，异常事件响应时间缩短60%，订单按时交付率提高15%，总装质量问题可追溯率100%，企业服务型收入占比将进一步提高至68%，比原来的提高8%~10%。

为保障通信的安全性与再创新的可持续性，在三一集团面向工程机械装备全生命周期的数字化制造与智能服务平台中，装备自主与国产化率超过72%，产品自主与国产化率超过85%，软件的自主及国产化率超过70%。

三一集团在数字化车间、智能装备、智能服务三个方面的总体规划、技术架构、业务模式、集成模型等方面进行有益的探索和应用示范，为工程机械行业开展类似应用提供了一个很好的范式，不仅有助于工程机械行业通过信息化的手段和先进的物联网技术来加速产品的升级迭代，而且促进行业通过开展数字化车间/智能工厂的应用实践来完成企业创新发展。

（3）华数机器人。

华数机器人公司自成立之初，即以"自主、自立、自强，助力中国制造"为宗旨，依托华中科技大学和华中数控，制定了"PCL"工业机器人发展战略：以通用多关节工业机器人产品（P，product）为主攻方向；以国产机器人核心基础部件（C，component）研发和产业化为突破口；以工业机器人自动化线（L，line）应用为目标，积极进行自动化、智能化、智慧工厂等应用开发，并围绕着《中国制造2025》的总体发展战略进行了全面部署。

第一，自主研发打响"华数"品牌。

华数机器人公司通过自主研发攻克了工业机器人控制、驱动、设计、应用、自动化、工程化等方面的多项核心关键技术，形成自主知识产权 30 余项，填补了国内空白，形成了 4 大系列 27 个品种工业机器人销售，申请自主知识产权 30 余项。工业机器人生产百分之百本土化，实现了国产机器人"重庆造"。现已经形成了月产百台、年产千台的规模，成为中西部地区工业机器人整机生产的龙头企业。公司拥有的多机器人协助控制技术，具有完全自主知识产权。其精确度可达到0.05毫米，肉眼几乎看不见误差，其协作机器人可实现精确的抓取和摆放，整个表演过程仅仅 1 分钟，其中一号机器人每次的动作半径达到 2 米，轨迹超过 6 米，实现精准的抓取和摆放，代表了国内工业机器人制造的最高水平。

第二，掘金攻克机器人市场。

作为一家集机器人核心零部件、机器人整机、机器人自动化生产线的研发、制造、销售、服务于一体的高新技术企业，华数机器人公司在重庆生产期间，一直运行良好。如今，凭借两江新区良好的机器人市场，华数机器人公司生产的各类机器人产品已经广泛应用于海尔集团、格力电器、川仪集团、凌云集团、集诚电子、星宇达、中怡科技等各类企业中，涵盖焊接、冲压、注塑、电子装配、机械加工、仪表、伺服节能等多个领域的自动化生产线。这些以机器人为核心的自动化生产线或单元有效地提高了生产效率，为制造业的转型起到了引领和促进作用。2016 年华数机器人公司销售工业机器人相关产品已达到 1 200 台套，实现工业总产值 15 000 万元。

第三，助力两江新区"一区五平台"。

目前，华数机器人公司不仅掌握数控系统核心技术，在实现高档数控机床产业化的同时，也打响了"华数机器人"品牌。包括华数机器人在内的已落户重庆的机器人研发、生产机构和企业，能完成本体、控制器、伺服、电机四大环节的研发和生产，只有减速器这一环节尚需从国外进口。为了达到以两江新区为基地，完善机器人标准检测、融资租赁、展示体验、人才培训、成果孵化五大平台建设的目标，华数机器人公司总部投入 200 万元编写工业机器人系列教材，成为国内首家编写专业机器人教材的企业。

近年来，中国正在实施创新驱动发展战略，大力推动"大众创业、万众创新"、"互联网+"和"中国制造 2025"，这将有力促进机器人新兴市场的成长，创造世界上最大的机器人市场。机器人是衡量现代科技和高端制造业水平的重要标志，也是抢占智能社会发展先机的战略领域。根据国家工信部的有关规划，到 2020 年，中国工业机器人万人拥有率将提高到 100 台。增量背后意味着巨大的市场蛋糕。定位于长江上游科技创新中心的两江新区，正通过打造"一区五平台"的机器人全产业链战略，角逐机器人市场。

第四，开拓工业互联网领域。

华数机器人公司联合北京航天云网打造的"华数机器人云平台"已上线。作为国内首个工业机器人云服务平台，该平台将为企业解决生产自动化后的机器人管理缺失问题。国产工业机器人要以智能制造技术和产业快速发展为契机，共同推进机器人专业数据应用，并逐步为企业用户提供线上线下服务。

华数机器人云平台主要分为"一个中心、三大平台"，即大数据中心，云管家、云制造、云智能平台。机器人从运行起就会产生数据，所有与机器人参数相关的基础数据、操作、状态等过程数据，速度、电流等实时数据，都形成这个机器人的"属性"。当这些数据被实时采集至云平台后，就构建了机器人大数据中心。

大数据中心是三大应用平台的基础。云管家是面向设备管理的云服务平台，可实时监控设备运行数据，自动发送故障提醒短信，支持基于地理位置的故障报修，还可以申请专家进行远程协助和故障诊断，也能够根据实际需要自动推送升级包、远程注册等。而云制造和云智能分别面向生产管理和智能决策，根据大数据分析评估机器人的运行状态以及健康状态，及时协助用户对机器人进行生产优化、效能优化，以发挥机器人最大效能。

（4）小结。

面对智能制造发展的迫切需求及市场空间，国内各领域企业在智能制造方面不停地探索实践，也取得不少佳绩。可以看出，各领域企业纷纷进军智能制造系统解决方案领域，通过线上平台智能协同、线下智能化改造，提供用户深度参与、供应链高度协同、迭代创新的制造智能化、柔性化、定制化解决方案。

3. 应用方面

我国智能制造应用示范与推广方面虽然已有少量成功案例，但整体尚处萌芽阶段。近年来，以航天科工、青岛海尔、红领集团为代表的国内企业已开展智能制造应用实施。以航天科工为例，我国第一个云制造平台——INDICS 平台上线三年多，注册用户已突破150 万户，涉及制造业的各个门类，汇聚社会"双创"项目近千项，同时实现与国际智能制造及科技服务业的跨境对接。虽然目前国内上线运行的智能制造系统已积累了一定数量的企业和个人用户，但是这些客户在我国庞大的制造业体系中占比还很小。

因此，亟须分地区、分行业、分企业地建设一批具有规模效应的"互联网+智能制造"应用实施示范工程，形成龙头带动效应，培育符合制造企业转型升级要求的智能制造商业模式及运营管理模式，加强对制造企业转型升级的政策和资金支持力度，提高企业参与智能制造产业建设的热情与积极性，最终实现工业化与信息化的深度融合。

1）智能制造系统应用工程发展现状

近年来，我国在智能制造系统建设和应用等方面已取得了一定的成果。在智能制造系统建设方面，涌现出航天科工集团的 INDICS 平台[19]、树根互联的根云平台、海尔的 COSMOPlat 平台、和利时的 HiaCloud 平台、用友的 iuap 平台和华为的 OceanConnect 物联网平台等一批智能制造平台。目前我国智能制造系统企业用户已初具规模，初步具备了智能制造系统应用支撑能力。

在智能制造系统应用方面，通过智能制造应用示范与推广，我国企业在研发设计、生产装备、流程管理、物流配送、能源管理等关键环节的智能化水平不断提升，重点行业数字化设计工具普及率超过了85%。尤其是近年来，以航天科工集团、海尔集团、红领集团为代表的国内企业已开展智能制造应用实施。以航天科工集团为例，我国第一个云制造平台 INDICS 上线两年多就已吸引超过 120 万户企业入驻，发布众包、外包需求 1 000 亿次以上，涉及制造业的各个门类，汇聚社会"双创"项目近千项，同时实现了与国际智能制造及科技服务业的跨境对接。

在运营方面，已形成四类智能制造系统实施主体：装备与自动化企业，从自身核心产品能力出发构建平台；生产制造企业，将自身数字化转型经验以平台为载体对外提供服务；工业软件企业，借助平台的数据汇聚与处理能力提升软件性能，拓展服务边界；信息技术企业，发挥 IT 技术优势，将已有平台向制造领域延伸。

但从总体上讲，我国智能制造系统的研发和应用仍处于起步阶段，智能制造系统标准、软件、网络、信息安全基础薄弱，智能制造新模式成熟度不高，系统整体解决方案供给能力不足。相对于工业发达国家，我国推动制造业智能转型，环境更为复杂，形势更为严峻，任务更加艰巨。

2）面向离散制造全产业链活动的智能制造应用工程发展现状

近年来，我国离散制造业非常重视人工智能技术的应用，取得了一定的成效。

中航工业成飞公司在现有数字化车间基础上，提出了涵盖基础物理层、中间管理层及顶端智能管控层的飞机结构件智能数字化车间架构，并研究了智能工艺、智能装备、智能管控等飞机结构件智能制造关键技术，开始了智能制造在航空工业领域的应用[20]。

航天科工集团建设了我国第一个云制造平台 INDICS，已吸引超过 150 万户企业入驻，初步实现了基于群体智能的双创、智能云工厂和人机协同的智能生产等应用。

上海外高桥造船有限公司设计了一种分段智能调度控制系统来辅助造船生产过程，实现了在生产过程中对船体分段调度的优化，有效地减少了船体调度指令的数量，使得船厂的堆场堆放率达到80%以上时，衍生指令降低到40%左右[21]。

尽管我国离散制造业在智能制造应用方面取得了不错的进展，但是从总体上讲，我国智能制造的应用尚处于单点应用的初级阶段，不足以支撑全产业链活动，在提升产品研制效率、质量和服务水平等方面的作用有限。

3）面向流程制造全过程的智能制造应用工程发展现状

我国流程制造工业的自动化、信息化经历了流程电子化、管理数字化、生产自动化、企业互联网化的过程，正朝着智能化的方向发展。在我国的流程制造工业领域，钢铁行业在自动化、信息化方面已经走在先进行列。我国钢铁企业的信息化主要体现在生产经营、生产执行和过程控制三个层面。

国内信息化建设的一些先进企业，目前已经实现了从订货合同、生产计划、作业计划到出厂计划的关键流程管理，集成了全流程的质量管理，实现了财务成本信息化，取得了良好的经济效益。目前，中国主要钢铁企业关键工艺流程数控化率超过 65%，ERP 装备率超过 70%，信息化程度取得了跨越式发展[22]。

总体上来讲，我国钢铁行业 ERP 正处于快速发展推广阶段。从国外引进的 ERP 软件存在本地化程度不够的问题，软件不完全符合中国的国情，因此还需要根据各钢铁公司自身的需求对 ERP 系统进行完善与发展。目前，宝钢的ERP 系统运用水平处在行业的前列。

国内大中型钢铁企业与国外钢铁企业设备和自动化水平相当，部分国内钢铁企业设备和自动化水平在国际领先，但是由于我国钢铁企业仍然存在粗放的管理模式，MES（manufacturing execution system，生产执行系统）作为生产管理系统在国内有着广阔的市场。我国钢铁企业从 21 世纪初开始开发和应用 MES，MES 在宝钢、鞍钢、太钢、中信泰富特钢等企业都得到了成功的应用。MES 如何深度挖掘企业生产过程中出现的问题，使企业将先进管理模式与企业管理模式相结合，利用先进的技术切实解决企业生产管理的问题，促进企业创造更大的效益，是我国钢铁企业需要面对的课题。

随着钢铁生产向大型化、高速化、精密化、连续化方向发展，钢铁工业自动化系统和装备的水平对最终产品的质量影响日益增大，我国 100 万吨以上重点钢铁企业的钢铁生产线基础自动化普及率接近100%。近年来，自动控制系统软硬件的性能有了质的飞跃，稳定性大幅提高，自动化系统的软件平台也发生了很大变化。应用人工智能算法对冷连轧、热连轧、中厚板负荷分配问题进行研究，取得了良好的成果。国内钢铁生产宽带轧机全部采用了 PCS（process control system，过程控制系统），中厚板轧机几乎全部采用 PCS，中宽带轧机部分采用了 PCS，已经逐步采用人工智能方法建模，提高控制水平。

宝钢在建厂初期，信息化建设和工程建设就同步进行。到 2005 年，宝钢股份实施企业制度创新（enterprise system innovation，ESI）工程，开展电子商务，建成面向客户的 SCM 系统、数据仓库，在核心业务上实现了信息化升级。宝钢于2015年2月整合原有钢铁电子交易相关资源，以"服务型生产体系"为商业模式，依托互联网、物联网、大数据、移动互联等技术手段成立了欧冶云商股份有限公司，开启了我国钢铁公司的"电商"新时代。宝钢在湛江钢铁基地运用人工智能技术已经实现了钢卷库无人操作生产。

鞍钢早在 20 世纪末就开始逐步实现 MES、PCS 投产运行，ERP 系统在 2010 年已经实现全集团联网运行，覆盖全部生产业务流程。自动化炼钢、热轧带钢生产、冷轧带钢生产、硅钢生产、热镀锌板生产都已经实现计算机控制系统从 L1 到 L4 投产运行，并且发挥了巨大作用，生产效率、产品质量都得到了极大提高。

唐钢已经建成了 L1 到 L5 的制造信息系统架构[23]，近年来又新增了 L2.5 级工厂数据库，通过收集底层数据信息供上层信息系统提取，打通了信息化与自动化系统的数据传输通道，形成横向集成、纵向贯通、协同联动的新型信息自动化支撑体系。唐钢还开发了天车无人化配置系统[24]，为车间提供了精细的库区管理、准确的物流跟踪和及时的生产承接，显著提高了人工劳动效率，改善了库区环境。

首钢的冷轧智能工厂将数字化工厂与实体工厂融合[25]，设立了智能分散型机电控制一体化的功能模块，建立了 IT 技术、互联网技术、应用实现三位一体的适应性生产制造系统，使生产效率整体提高了 20%。

中信泰富特钢开发了厚板轧制计算机控制系统，产品质量得到大幅度提升。

沙钢开发应用了基于专家系统的高炉智能诊断与决策支持系统[26]，该系统实现了生产管理、炉况诊断、数据分析、数学模型分析和软仪表等功能，起到了稳定炉况、节能降耗、降低成本的作用。

在炼钢自动化方面，孙彦广对 36 家钢铁企业的调研报告表明，各种在线控制模型的使用比例如下：①在转炉吹炼工序，合金加入量计算 97%，动静态吹炼 90%；②在精炼工序，真空脱碳 69%，温度预测 59%，成分预测 45%，VOD（vacuum oxygen decarburization，真空吹氧脱碳法）炉精炼 38%，AOD（argon oxygen decarburization，氩氧脱碳法）炉精炼 24%；③在连铸工序，漏钢预报 93%，动态二冷配水 97%，动态轻压下 86%，铸坯质量判定 59%。各钢铁公司炼钢模型技术取得了显著进步[27]。

综上所述，我国钢铁工业在自动化、信息化和网络化等方面已经取得了很大进展，具有良好的智能化发展基础。近年来大数据、智能制造、云计算、移动互联网快速发展，计算机的计算和储存能力迅速提升,大数据技术快速推进,人工智能呈现迅速发展的势头。在人工智能迅猛发展的形势下,钢铁工业面临着新的机遇和挑战。充分利用智能科技改造钢铁传统产业,有望使中国的钢铁工业实现快速转型升级,赶超世界先进水平。

4)智能创新设计应用工程发展现状

设计是人类有目的地创新实践活动的设想、计划和策划,是将信息、知识、技术和创意转化为产品、工艺装备、经营服务的先导和准备,决定着制造和服务的品质与价值。创新设计是一种具有创意的集成创新与创造活动,它面向知识网络时代,以产业为主要服务对象,以绿色低碳、网络智能、共创分享为时代特征,集科学技术、文化艺术、服务模式创新于一体,产品的价值在设计端就得以体现。

以传感技术、计算机技术和通信技术高速发展为代表的信息革命为设计带来了更多的方法手段并赋予其新的职责,揭开了智能创新设计的序幕。智能创新设计是利用先进人工智能技术赋予产品和服务智能化特征,以提升其功能和用户体验的设计活动。

深圳大疆前瞻创意设定消费类摄影无人机目标,自主创新设计集成高性能摄影平台、飞控软件、高性能直流电机和动力电池,并依托无线传输、模块结构、网络营销等,成为全球最具创新活力的科技创新企业,占世界消费级无人机市场份额的70%……种种案例都表明了设计的价值。在以互联网与移动网络的普及、传感网的渗透、大数据的涌现和网上社区的崛起等为代表的"信息新环境"下,使用以大数据驱动知识学习、跨媒体协同认知与推理、高水平人机协同、基于互联网的群体智能技术为代表的新一代人工智能技术驱动创新设计,能更好地预测用户需求,更有效地提升设计工作效率,获得更加快速精准的智能系统响应,提供更贴心的用户体验和智能服务,催生更具前瞻性的商业模式并引领颠覆式创新,创造更多价值。

国内外大部分科技巨头目光都集中在消费领域人工智能,正试图将机器学习和人工智能应用到很多人们熟知的产品中,覆盖航空、运输、医疗和发电等多个领域。

2017 年 9 月，华为发布了全球第一款人工智能移动芯片麒麟970，其人工智能性能密度大幅优于中央处理器（central processing unit，CPU）和图像处理器（graphic processing unit，GPU）。在处理同样的人工智能应用任务时，相较于四个 Cortex-A73 核心，麒麟970 的新异构计算架构拥有大约 50 倍能效和 25 倍性能优势，这意味着未来在手机上处理人工智能任务不再是难事。更重要的是，iPhone X 的A11 仿生芯片拥有神经引擎，每秒运算次数最高可达 6 000 亿次。它是专为机器学习而开发的硬件，不仅能执行神经网络所需的高速运算，而且具有杰出的能效。

在设计人工智能领域，阿里巴巴已经开始加速探索。2015 年"双十一"期间，阿里巴巴展示出了 1.7 亿条由设计人工智能产品"鲁班"设计的广告横幅，这是阿里巴巴第一次基于算法和大数据为用户做出大规模的、个性化的商品推荐。2015 年"双十一"后，阿里内部发起了一个人工智能设计项目，主要开发的产品就是"鲁班"，后演进为阿里巴巴智能设计实验室（Alibaba AI Design Lab）。实验室的主要任务是用人工智能做设计，用算法、数据、计算、场景来解决商业领域的事情。鲁班系统背后的学习设计逻辑包括设计框架（一堆空间特征和视觉特征构成的模型）、元素中心（元素库、图片库）、行动器（输入需求、生成最优结果）、评估网络（人工+机器双向反馈，对结果进行评估）。鲁班系统深度学习的数据来源于量产的广告横幅、设计师自身的经验知识及设计的手法和风格等，再将这些手法和风格归纳成一套设计框架，让机器通过自我学习和调整框架，演绎出更多的设计风格，上亿的广告横幅通过素材进入该框架后批量拼装成为新的广告横幅。鲁班系统的发展趋势是让智能设计去影响阿里巴巴设计生态，服务百万量级的商家和设计师。

新一代人工智能是建立在大数据基础上的人工智能。由于数据量庞大但技术有限，个人没有能力对自己的数据进行存储和分析，掌握数据的大公司可以通过数据清洗、建模等方法分析出相关群体的普遍特征，得出相关的用户画像，更了解自己的用户是谁，从而设计出更有针对性的功能和服务，探索出新的用户需求和衍生出新的产品。然而，巨头们的垄断和相互竞争，导致用户数据被各巨头分割和收集使用，再加上巨头们宁愿生产更多的产品进行竞争也不愿意互通用户数据，导致用户数据发挥不出更大的价值。这也是人工智能发展道路上的一道现实存在的门槛。要使人工智能更快发展，就需要分析更多完整的数据，加上互联网去中心化的理念，应用厂商把数据"还给"用户将会是下一个趋势。

基于对用户数据的积累、理解和分享，可以进行需求预测和产品优化，实现闭环设计和反馈机制，但这也会带来隐私问题，用户会担心更多产品和人工智能接触到更多数据时，自己的生活会 24 小时被监控着。人工智能将会是科学与伦理博弈中最激烈的一环，所以如何实现底层的数据仓库是关键。

三、我国"互联网+智能制造"最新进展分析

我国在智能制造的技术、产业与应用等方面已取得了一定的成绩。在技术方面，已初步形成智能制造的技术体系，核心技术装备取得突破；在工业软件方面，形成全球首款增材制造开放式一体化的控制软件、运动控制核心技术等创新成果。在产业方面，形成了一批工业互联网的领军企业，产生了一批具有自主知识产权的工业云平台，一批系统集成商正孕育形成，为发展智能制造提供了良好支撑。在应用方面，我国组织实施智能制造的试点示范专项行动，一些试点项目智能化的改造前后生产效率平均提高了30%以上，运营成本平均降低超过了20%，探索形成了一批较成熟、可复制、可推广的智能制造的

新模式，如航空装备、汽车等领域，以供应链优化协同为核心的网络协同制造模式，服装、家居等领域，以满足用户个性化需求为导向的大规模的个性化定制生产模式。企业智能典型示范初见成效，如航天云网公有云上制造企业已近80万家，青岛红领集团的个性化定制，以及海尔集团的互联工厂等。

1. 技术方面最新进展

1) 形成新一代云制造系统的技术体系

云制造系统是一种基于"互联网（云）+人工智能+"的智慧制造资源、产品与能力的人/机/物/环境/信息深度融合的智慧互联制造服务系统。随着互联网技术、新一代人工智能技术的创新发展，智能制造技术的发展将不断与各类新兴科学技术交叉融合，推进智能制造技术体系的不断完善，形成基于新一代人工智能制造的云制造系统和技术体系，涵盖云制造模式、系统集成技术、系统架构技术、标准化技术、安全技术、系统开发和应用实施技术、评估体系等的总体技术，涵盖感知技术、物联技术、虚拟化和服务化技术、大数据/仿真引擎等技术的平台技术，以及包括云设计、云生产、云管理、云仿真、云试验、云服务等的制造生命周期活动的智能化技术的技术体系。

2) 提出面向云服务的云制造系统的体系架构

在智能制造技术研究和实践的基础上，初步提出智能制造系统的体系架构包括资源/能力/产品层、感知/接入/通信层、云服务平台层（虚拟智慧资源/能力/产品层、云服务支撑功能层、智慧用户界面层）、智慧云服务应用层和人/组织。智能制造系统实质上是一种基于泛在网络及其组合的、人/机/物/环境/信息深度融合的、提供智慧制造资源、产品与能力的制造服务系统。

2. 产业方面最新进展

在产业方面，智能产品和智能互联产品开始结合人工智能进行开发，从交互方式以及用户体验方面带来新鲜感；高性能大型金属构件的激光增材制造装备、自动染色成套技术与装备、轨道交通装备等实现了突破；形成了自主可控的工业软件、工业操作系统等创新成果；工业互联网集互联网技术、物联网技术、云计算技术、人工智能技术、大数据采集与挖掘技术于一体，形成一批工业互联网的领军企业，产生了一批具有自主知识产权的工业云平台。

1）智能产品和智能互联产品最新研究进展

传统设备将纷纷呈现出智能化的趋势，智能电视、可穿戴设备将是近期可以实现的方向。谷歌、三星、高通等厂商均已经推出智能眼镜、手表等可穿戴产品，它们从交互方式以及用户体验方面带来新鲜感，未来的规模化应用值得期待。同时，路由器等设备也已经启动了智能化的步伐。随着智能化的不断扩散，智能城市也将不断深化，成为未来主要的发展趋势。

第一，在智能产品方面，以可穿戴设备为例，北京君正作为国内外领先的嵌入式 CPU 芯片及解决方案提供商，致力于在中国研制自主创新 CPU 技术和产品，已经拥有全球领先的嵌入式 CPU 技术和低功耗技术，推出了独特的 32 位微处理器技术 XBurst。基于 XBurst 内核的 Jz47 系列嵌入式处理器，凭借其优异的性价比、强劲的多媒体处理能力和超低功耗优势，迅速在众多领域得到大量应用，Jz47xx 系列芯片产品已成为我国出货量最大、应用领域最广的自主创新微处理器产品。广东乐心公司作为著名的智能硬件厂商，发布了 mambo2 智能心率手环，采用 ARM Cortex-M4 内核处理器，搭载美国 SILICON LABS 高精度心率传感器，同时结合全新的第二代动态心率算法，让其拥有较高的抗干扰能力，在复杂的运动环境中也能保证准确监测。

第二，智能互联产品方面，华为业务网关与控制器专注于流量智能感知、流量调度优化、业务快速部署的研究和方案开发，通过融合 SDN（software defined network，软件定义网络）、NFV（network function virtualization，网络功能虚拟化）、SA（structured analysis，结构化分析）方法等新技术，推出适合运营商有效提高网络运营效率的一系列方案和产品。华为业务监控网关（service inspection gateway，SIG）系统利用多项专利业务感知技术，通过高性能的硬件平台实现网络数据报文的分析和处理，并辅助提供智能的、灵活的业务控制手段，可以在固网、无线网络及融合网络中实现流量分析、带宽管理及网络安全防护等多种功能。同时，SIG 系统支持分布式部署和集中管理，可灵活扩展。经过十余年发展，SIG 已经在全球 50 多个国家和地区的 70 多个运营商进行了商用，累计覆盖 8 万多 G 链路，为运营商在流量可视化、智能运维、业务创新等方面提供了有力支持。海康威视公司推出业内首款支持传感器设备接入的 C1s（多功能互联网摄像机升级版）—— 萤石"居家暖男"。C1s 集成 RF433 模块，拥有 140°超大广角，可捕捉更多场景，通过无线连接萤石全系列传感器，探测范围达到 150 米空旷距离，可联动报警，完成家用安防监控从远程看护到安全预警的功能延伸。C1s 可以实现语音交互，应用场景多元，成为智能家居控制中心。C1s 将成为未来萤石智能家居布局中最重要的入口。

2）智能使能工具最新研究进展

智能使能工具是企业建立智能制造系统的必要砖石，同时也是我国在智能制造方面与发达国家的差距最主要的体现。因此要加强在智能制造使能工具方面的战略部署和研发支持，从智能制造供给侧发力，为我国"互联网+智能制造"的发展提供有力支撑。

第一，在核心装备方面，高性能大型金属构件的激光增材制造装备、自动染色成套技术与装备、轨道交通装备等实现了突破。

一是激光增材制造装备实现全球领跑。

作为先进制造技术的代表，增材制造在我国高端产品的研发领域拥有不可磨灭的功绩。随着我国 3D 打印技术的不断发展，在高端工业领域应用也取得不少硕果。特别是在激光增材制造装备方面，武汉光电国家实验室研制出最大激光 3D 打印设备，目前处于全球领跑地位。武汉光电国家实验室完成的"大型金属零件高效激光选区熔化增材制造关键技术与装备"（俗称激光 3D 打印技术）已顺利通过了湖北省科技厅成果鉴定。该激光 3D 打印设备深度融合了以信息技术和制造技术等为特征的激光 3D 打印技术，由 4 台激光器同时扫描，为目前世界上效率和尺寸最大的高精度金属零件激光 3D 打印装备。该装备攻克了多重技术难题，解决了航空航天复杂精密金属零件在材料结构功能一体化及减重等方面的关键技术难题，实现了复杂金属零件的高精度成形、提高成形效率、缩短装备研制周期等目的。

数据显示，国内增材制造市场 2015 年市场规模在 78 亿元左右。2017 年中国增材制造产业市场规模达到了 100 亿元，2021 年将达到 691 亿元。受材料种类和性能的限制，当前我国增材制造产业仍处于起步科研阶段，并未实现工业及个人消费领域的大规模应用。国内增材制造只能做到使用 PLA（polylactic acid，生物降解塑料聚乳酸）、ABS（Acrylonitrile butadiene Styrene copolymers，丙烯腈-丁二烯-苯乙烯共聚物）树脂、橡胶、石膏、塑料、可黏结的粉末颗粒等，进口材料特别是金属材料受国外市场控制，价格居高不下。

目前，增材制造中国专利申请中，国内专利申请人占 2/3，国外申请人主要来自美国、德国、日本。北京和陕西为 3D 打印研发的第一梯队；上海、广东、江苏、湖北为第二梯队。与国外来华专利申请相比，国内的技术侧重点更倾向于工艺研究，材料方面的研究薄弱。研究单位以高校为主，国外行业巨头如美国 3D Systems 公司、德国 EOS 公司已开始利用专利在中国跑马圈地。

二是全球首台自动染色成套技术与装备诞生。

在传统行业的数字化、智能化改造中，山东康平纳集团有限公司与机械科学研究总院共同承担研制的"筒子纱数字化自动染色成套技术与装备"是全球第一台筒子纱数字化自动染色设备，取得了行业内的巨大突破。该技术与装备已经顺利通过由中国纺织机械器材工业协会组织的科技成果鉴定。该设备采用的方法、工艺及组建的生产线已经达到国际领先水平，在中央控制系统单元等 10 多项关键技术上取得了突破，开发出筒子纱微波烘干机、元明粉自动称量系统、装纱脱水机器人、中控软件系统等设备 18 台（套）。针对纺织印染行业存在的生产效率低、质量稳定性差、能耗高的难题，研制出适合于筒子纱数字化自动染色的工艺技术、数字化自动染色成套装备及染色生产全流程的中央自动化控制系统，创建了筒子纱数字化自动高效染色生产线，建立起数字化染色车间。实现了筒子纱染色从手工机械化、单机自动化到全流程数字化、系统自动化的跨越，使我国成为世界首家突破全流程自动化染色技术并实现工程化应用的国家。

三是轨道交通装备发展取得突破。

轨道交通装备是国家公共交通和大宗运输的主要载体。目前中国标准动车组"复兴号"在京沪高铁已经实现双向首发，作为中国铁路总公司牵头组织研制、具有完全自主知识产权、达到世界先进水平的新一代高速列车，"复兴号"集成了大量现代高新技术，在安全性、经济性、舒适性、节能环保等方面表现出色。中国标准动车组拥有"中国心"，牵引传动系统硬件和软件全部实现了自主设计、自主制造，中国成为世界上少数全面掌握这一技术的国家之一。动车组是当今世界制造业尖端技术的高度集成，涉及牵引、制动、网络控制、车体、转向架等 9 大关键技术，以及车钩、空调、风挡等 10 项主要配套技术。中国标准动车组实现了 4 个技术平台、17 种车型的标准统一，在最终采用的 254 项重要标准中，中国标准占到 84%，整体设计和关键技术全部自主研发，具有完全自主知识产权。11 个系统 96 项主要设备采用了统一的中国标准和型号，实现不同厂家零件互换。"复兴号"最大的意义在于标准化。

第二，在工业软件方面，形成了自主可控的工业软件、工业操作系统等创新成果。

一是数码大方工业软件的发展成果。

数码大方在中国工业软件研究、开发方面处于领先地位，是"智能化协同制造技术及应用国家工程实验室"承建单位。目前有包括中国二重、沈鼓集团、西电集团、东方电气、福田汽车等制造企业和清华大学、北京航空航天大学、北京理工大学等知名院校在内的 3 万余家用户，重点支撑了兰石集团、宏华装备、康斯特等企业的国家智能制造示范项目建设；海外用户遍及欧洲、美洲等 24 个国家和地区，包括波音、丰田、霍尼韦尔等知名工业企业。主要面向装备、汽车、电子电器、航空航天、教育等行业，提供以 CAD（computer aided design，计算机辅助设计）、MES 和 PLM 软件为基础的智能制造解决方案，实现企业营销、研发、生产、供应、管理、服务等核心业务板块的数字化、网络化、智能化，全面提升工业企业的创新设计能力、先进制造能力以及人才保障能力，推进企业智能制造和实现"中国制造 2025"。

2017 年 7 月，数码大方、工业大数据创新中心、和利时集团共同签署了《京津冀离散制造业大数据智能制造应用工程战略合作》，通过整合三家优势单位在研发设计、制造执行、自动控制、工业大数据等领域的优势，制订国内首个面向离散制造领域大数据驱动的智能制造软硬件一体化智能解决方案，三方携手建设离散制造智能生产大数据平台，构建面向京津冀的工业大数据应用生态体系，在汽车、轨道交通、电力装备、电子等领域进行示范应用，为京津冀地区离散制造业产业升级提供坚实支撑。

二是首个自主点扫描 3D 打印软件操作系统发布。

2015 年 12 月珠海西通电子有限公司在北京国家会议中心发布我国首个自主研发的点扫描 3D 打印软件操作系统 RiverOS1.0。这标志着国产点扫描 3D 打印软件操作系统成功打破美国 3D 技术垄断，将为我国高精度 3D 打印的发展注入加速剂。RiverOS 解决方案是一个独立的软件系统，使用激光光点扫描全新算法，振镜扫描精度大幅提高，同时打印功率大幅增强，操作界面更加人性化。该系统可兼容Formlabs、3D System、Riverside 等主流桌面 3D 打印机机型，同时还支持用户远程控制并通过互联网提交打印任务。

3）智能云服务平台建设最新进展

工业互联网是集互联网技术、物联网技术、云计算技术、人工智能技术、大数据采集与挖掘技术于一体的全球性工业创新载体。随着中国智能制造战略的推进，工业互联网平台发展热度再次提高。

（1）航天云网——INDICS 工业互联网云平台。

INDICS 工业互联网云平台由中国航天科工集团重磅发布。该平台由航天科工旗下子公司航天云网历时 2 年潜心研发。INDICS 平台能够提供涵盖 IaaS（infrastructure as a service，基础设施即服务）、DaaS（data as a service，数据即服务）、PaaS（platform as a service，平台即服务）和 SaaS（software as a service，软件即服务）的完整工业互联网服务功能，适合不同层次、类型、规模的企业；可支持各种工业设备接入、集成各类工业应用服务，构建良性工业生态体系，使制造管理更加便捷高效；构建了涵盖设备安全、网络安全、控制安全、应用安全、数据安全和商业安全的工业互联网完整安全保障体系。作为我国唯一提供智能制造、协同制造、云制造公共服务的云平台，INDICS 平台技术上与西门子公司的 MindSphere 云平台、GE 公司的 Predix 云平台处于同一水平，但平台功能和应用场景更为丰富，推广应用的速度与成效优势明显。

（2）海尔集团——COSMOPlat 平台。

在互联网时代，海尔致力于成为互联网企业，颠覆传统企业自成体系的封闭系统。根据对于"工业 4.0"的理解，海尔开始打造互联工厂，而互联工厂及其生态系统的核心就是 COSMOPlat 平台。海尔的 COSMOPlat 平台全面实现从用户的角度出发，实现用户全流程的参与，以及用户的个性化定制、全流程的可视化；与用户实时互联，从产品的研发到产品的制造，以及到海尔的供应商、物流商，实现全流程全供应链的整合；自动化生产和用户个性化相结合，也就是从为库存生产到为用户生产的转型。COSMOPlat 平台包括三大技术平台：互联平台、云平台、大数据平台。互联平台保证接入平台商的设备之间的互联互通、顺畅通信；云平台整体管理平台上的所有设备、用户、应用、数据、内容等；大数据平台是智慧生活平台的大脑，通过对云平台上设备或使用数据的不断挖掘和分析，为产品开发或服务的迭代升级提供数据依据，提升用户智慧生活的体验，更好地满足用户需求，真正实现平台的智慧化。

（3）三一重工——树根互联平台。

以工业互联网平台为基础打造的树根互联技术有限公司（以下简称树根互联）是三一集团基于自身打造的工程机械物联网平台。伴随该平台的逐步完善与成熟，制造领域网络化的进程进一步加快。树根互联的成立，能够进一步在开放、共享的平台之上为更多本土企业提供最具价值的解决方案，帮助企业实现智能化转型升级。树根互联在三一重工原有的"终端+云端"架构基础上极大地拓展了数字化、信息化的应用管理范畴，在智能研发、智能产品、智能制造、智能服务上强势布局，获得不可复制的核心竞争力；另外，树根互联还融入了大数据、移动互联、云计算、人工智能以及 VR/AR 技术，将机器、数据、流程、人等因素融合创新，形成工业领域各行业的端到端解决方案，让客户即插即用，便利地使用到工业互联网大数据的增值服务。目前树根互联已经从两个方面确立了行业的前瞻优势，打造领先的工业互联网平台：一方面可以让客户底层的设备"发声"（提取数据），而且会有更广泛行业的覆盖；另一方面在提取海量数据的基础上，树根互联对大数据的分析能力可以让数据"说话"，进而帮助用户做出智慧化的决策。

3. "互联网+智能制造"应用示范取得新进展

在航空装备、汽车等重点领域，组织实施智能制造的试点示范专项行动，一些试点项目智能化的改造前后生产效率平均提高了30%以上，运营成本平均降低超过了 20%，探索形成了一批较成熟、可复制、可推广的智能制造的新模式，以供应链优化协同为核心的网络协同制造模式，以及以用户个性化需求为导向的大规模的个性化定制生产模式等。

1）以智能工厂为方向的离散制造产业试点示范

基于智能工厂建设的智能化改造实现了线上商务协作、跨企业协同设计和跨企业协同生产以及线下精益生产、车间透明化管理和生产自动化智能化。

例如，航天云网公司为河南航天液压气动技术有限公司提供基于云平台的智能工厂解决方案建设，实现基于云平台的设计生产一体化制造以及智能车间、智能产线和生产自动化智能化。通过智能化改造后，每台机器人可控制 3 台设备自动加工、自动装卸零件，实现了 24 小时连续作业，机床主轴利用率提高 50%，操作工人减少 60%，运营成本降低 30%，产品质量合格率提高 15%，能源利用率提高 15%。

中国商用飞机有限责任公司实施基于模型的民机协同制造示范项目。开展各种研制成员单位间的协同产品定义与工艺设计，打通车间现场管控的信息壁垒，建设 C919 飞机设计制造一体化智能制造体系，实现民用飞机研制过程的协同设计、敏捷生产与智能管理，为 C919 飞机的研制成功提供必要保障。在 C919 飞机的智能制造项目建设过程中，建立了一整套较为完整的基础标准规范、业务操作规范、设计与工艺流程规范。项目实施过程中，中国商用飞机有限责任公司针对并行协同设计支撑平台，虚拟仿真，专家系统，三维模型定义，ERP、MES、BI（business intelligence，商业智能）研发，敏捷制造、云制造、物联网，智能云服务等方面开展了试点研究，能够进一步指引相关技术的研究方向。项目形成了一套主制造商—供应商模式下的协同制造技术、管理方法，为航空、航天、船舶等大型复杂产品的智能制造提供了有效借鉴。

2）面向网络协同制造新模式产业试点示范

基于工业互联网平台的协同商务、协同研发、协同生产和智能服务等制造全产业链服务功能实现复杂产品的网络化协同制造。

例如，航天云网公司针对贵州省制造业建设运营贵州工业云，围绕大数据服务、专有云支撑的区域企业协同、智能制造和两化融合等业务方向，打造立足贵州、辐射全国、面向全球的工业云公共服务平台，打造开放、协同、高效、共赢的工业云端生态环境，整体提升企业信息化水平与核心竞争力。其中，工业云平台为企业提供包括云制造资源和业务协同等服务，如协同研发、设计、生产、采购、销售和售后服务等；企业可以在平台上发布产品、需求、能力等，平台将帮助企业实现供需匹配，利用"互联网+"帮助企业打开市场，拓展渠道；工业云还为企业搭建众创空间平台，以创新为驱动促进企业转型升级。

泉州海天材料科技股份有限公司在纺织服装网络协同制造试点示范项目中，打造满足消费者个性化需求的网络协同智能工厂，建立网罗世界各地优秀设计师的互动平台，对纺织服装产业链各个环节进行数字化、智能化改造升级，通过网络协同将消费者个性化需求、设计师资源、产业链各环节生产企业以及同一环节不同区域企业产能资源集成对接，形成设计、供应、制造和服务等环节并行组织和协同优化的纺织服装绿色智慧制造生态系统，以满足消费者个性化需求。

3）满足大规模个性化定制新模式产业试点示范

基于互联网平台，通过终端销售设计软件、网络协同设计平台与基于VR设计技术的云计算设计服务系统，实现了数字化销售设计的创新商业模式，最大限度地满足终端消费者的个性化需求，提供定制化产品及服务。

例如，佛山维尚家具"全屋家居大规模个性化定制"项目中，在智能化改造过程中利用信息化和工业化相融合，发展个性化全屋家居定制之路。通过信息技术改造，利用仿真和虚拟设计制造、参数化智能设计、网络协同设计等技术实施销售设计网络化、生产排程电脑化、制造执行信息化、流程管理数码化，建立了企业"大规模家具设计定制生产系统"，有效解决了个性化定制与标准化批量生产的突出矛盾。维尚家具以智能化信息化系统为支撑，整合了仓库管理、财务管理、生产管理、采购管理、销售管理等内部管理流程，推进了公司的信息化综合集成，解决了各种内部矛盾，促进了公司的稳步快速发展。

4）面向远程运维服务新模式产业试点示范

基于工业互联网平台的大数据解决方案，提供产品和设备云端接入、资产性能管理和运营优化服务，以及基于数据的产品创新应用、生产线优化分析、供应链优化和工业治理应用等工业大数据应用服务。

例如，哈电机远程故障诊断系统，实现对大型发电设备包括燃气轮机、水轮机和核电设备的远程运维和健康管理。相关系统软件和平台部署在新型大型燃气轮机上，实现设备管理和运营的自主可控。第一个试点电站是丰满水电站。

金风科技的风电设备远程运维服务试点示范项目中，建立风机故障预警平台，为每台风机核心部件安装监测传感器，运行状态数据实时回传，基于大数据中心、全球监控中心、远程专家系统、资产管理系统等核心应用，为整个风电场全生命周期内的流程及状态提供解决方案，实现全球各地的风机故障在 4 小时甚至更短时间内完全解除的目标，完成风电行业智能应用服务体系构建，促进风电行业服务升级，为客户和企业创造更多经济价值，降低企业运营和风电场运营成本。

四、我国"互联网+智能制造"存在的主要问题及发展趋势分析

（一）我国"互联网+智能制造"存在的主要问题

1. 我国"互联网+智能制造"的技术体系仍需完善

我国"互联网+智能制造"的技术体系框架的雏形已经基本形成，但是技术体系仍有待进一步完善，特别是随着新互联网技术、新信息通信技术和新一代人工智能技术的发展，新技术的融合面临着全新的挑战，新技术之间交叉融合还存在一定的技术壁垒和障碍，目前还尚未形成开放兼容、完整的技术体系。具体表现在：在网络、信息技术、人工智能等共性关键使能技术方面的研究力度仍然不足，自主核心技术有待提高；在基于 SDN 的虚拟化技术、高性能嵌入仿真/边缘计算技术、智能大数据引擎技术、新一代人工智能引擎技术、人机共融技术、区块链技术等系统平台技术方面的研究应用有待进一步突破；基于新一代人工智能技术的智能制造安全技术、评估技术、标准化技术等也都亟待完善和发展。

2. 我国"互联网+智能制造"平台和使能工具产业仍然薄弱

我国"互联网+智能制造"平台、使能工具及智能产品产业与国际先进水平仍有较大的差距。智能制造平台的研发投入力度不足，平台在汇聚整合企业制造能力与创业创新资源，带动技术产品、组织管理、经营机制创新方面的潜力还没有发挥出来；在智能制造产业使能工具方面，数控机床、机器人等工具的研发与先进国家相比仍有差距。以数控机床产业为例，国内产品仍处于全球产业链的中低端，尽管国内普及型数控机床中有 60%~70%采用的是国内产品，但其中约 80%均使用进口数控系统。高档机床产品方面国内产品大约只能占到2%，基本都是靠进口；智能产品即智能互联产品

虽然不断涌现，但各种智能产品之间缺少互联互通，仍需研究智能产品与现代通信和网络技术的融合，实现人、智能设备、外界环境的感知与互联；尚未建成智能产品互联服务平台，智能互联产品不成系统。

3. 我国"互联网+智能制造"系统及软件产业发展缓慢

我国制造业企业在智能装备、工业软件等领域尚未推出具有足够竞争力的创新产品，企业拥有自主品牌、技术专利的不多，核心竞争力不足，自主创新水平有限，总体创新能力偏低，且科技活动以及科技活动经费支出比例较低，科研投入亟待提高。以工业软件为例，我国的整体发展水平远远落后于主要发达国家。在国内市场，国产软件企业在研发设计、业务管理和生产调度/过程控制三类软件中均有一定市场份额，但在某些细分领域仍与国外领先软件企业差距较大，属于行业末端跟随者的角色。国内市场排名前五位的国内厂商占据整体市场份额较低，且其 96%的销售在国内市场，全球份额不足 0.3%。在 CAD 软件方面，达索、西门子 PLM 和 Vero 占据41%的市场份额，国内 3D CAD 市场主要由外资企业掌控，软件核心技术——几何内核在国内仅有一家企业具有知识产权，其他企业均采用"授权"的经营方式。

4. 我国"互联网+智能制造"的融合应用水平低，运营成果不明显

我国"互联网+智能制造"的融合应用程度、水平以及范围总体上处于初级阶段，能力和经验有待积累，在"互联网+"技术面向全生命周期过程应用、智能产品研发、产业衍生等方面还正在起步。行业内跨界融合创新机制尚未建立，通用平台、测试验证、市场推广等方面的能力和经验有待积累。同时，传统制造企业运用"互联网+"技术的意识和能力不足，缺乏具有龙头带动效应的"互联网+智能制

造"应用实施示范工程。从统计数据来看，我国大部分企业尚处于研发阶段，仅16%的企业进入智能制造应用阶段；从智能制造的经济效益来看，52%的企业其智能制造收入贡献率低于 10%，60%的企业其智能制造利润贡献率低于 10%。

5. 我国"互联网+智能制造"相关体制机制建设仍处于初期

我国"互联网+智能制造"仍处于起步阶段，其发展、监管、安全等重点领域的立法，智能制造创新资源、主体、行为的监管均缺乏统筹。"互联网+"制造业催生的网络协同制造模式、群体智能创新设计模式、个性化大规模定制、远程运维及故障诊断等新兴业态需要创新的融合发展体制机制，财税金融、人才梯队建设的机制体制等亟须建立健全。值得重点关注的是亟须建立可成为战略策源地、技术创新源、产业孵化器、大数据中心的国内外交流平台；亟须填补在"互联网+智能制造"领域的新兴学科建设和布局存在的空白，解决智能制造领域的专业人才匮乏的状况。

（二）我国"互联网+智能制造"的发展趋势分析

参考国际先进经验，结合对目前我国"互联网+智能制造"发展情况的分析与思考，未来我国"互联网+智能制造"的发展趋势主要体现在新互联网技术、新一代人工智能技术、新信息通信技术等新技术融合创新发展，智能产品及智能互联产品、使能工具、平台、系统的研发，以及智能制造应用示范三个方面。

1. 技术发展趋势分析

随着新一代人工智能技术、新信息通信科学技术、制造科学技术及制造应用技术等四类技术在制造领域的深度融合发展，在新技术和新需求的推动下，智能制造技术与新一代人工智能技术融合发展、与边缘计算技术融合发展、与区块链技术融合、与新互联网技术融合发展，将成为未来智能制造技术发展的四大趋势。

1）与新一代人工智能技术融合发展趋势分析

人工智能技术的发展已经进入了新一代进化阶段，其主要特征是数据驱动下深度强化学习的直觉感知、基于网络的群体智能、人机和脑机交互的技术导向混合智能、跨媒体推理及自主智能无人系统等。智能制造未来发展将走向更高层次的智能化，新一代人工智能技术与智能制造技术的深度融合，将不断促进智能制造系统总体技术、平台技术、智能设计、智能生产、智能管理、智能试验、智能保障等制造全生命周期活动智能化关键技术，进而形成满足智能制造发展需求的技术创新体系。

2）与边缘计算技术融合发展趋势分析

为了提升处理效率，大大减轻云端的负荷，为制造业提供更快的响应，将生产/设计/管理等的需求解决在边缘，智能制造与边缘计算融合应用形成边缘制造。在制造设备的网络边缘侧，融合网络、计算、存储、应用核心能力的开放平台，可就近提供边缘智能服务，满足企业在敏捷连接、实时业务、数据优化、应用智能、安全与隐私保护等方面的关键需求。此外，"云计算+边缘计算"的新型设备连接和数据处理方式，将极大地提高系统的主动性、安全性及敏捷性。

3）与区块链技术融合发展趋势分析

实施智能制造的重点任务是要实现制造企业内部信息系统的纵向集成，以及不同企业间基于价值链和信息流的横向集成，进而实现制造的数字化、网络化、智能化。在智能化的过程中，由于制造设备涉及多个厂家和不同型号，企业制造系统和信息系统里的订单需求、生产数据、库存水平等信息都存储在企业内各自的系统中，这些系统的技术架构、通信协议、数据存储格式等各不相同，严重影响系统间数据的互联互通，也制约了智能制造在智能化改造转型升级中的应用。通过区块链技术改造现有的智能制造系统，提升智能制造系统的适用性、安全性和智能性，变得尤其迫切。区块链的特征是分布式数据存储、点对点传输、共识机制、加密算法等技术。利用区块链技术，可有效采集和分析在原本孤立的系统中存在的所有传感器和其他设备所产生的信息，并借助大数据分析，对收集的数据做分析和评估，帮助企业建立更安全的运营机制和高效的工作流程，有助于提高价值链的透明度、灵活性，更敏捷地应对生产、物流、仓储、销售、售后服务等环节。

4）传统互联网向泛在网络发展

互联网、物联网、车联网、移动互联网、卫星网、天地一体化网、未来互联网等技术已慢慢融入各行各业，并逐步替代传统的互联网。随着移动终端、传感网络、可穿戴设备、感知设备等逐渐遍布世界，泛在网络将会史无前例地连接着世界上的个体和群体，将各种机器、设备、设施与先进的传感器、工业软件和平台相连接。泛在网络将成为智能制造系统中的支撑网络。

2. 智能产品及智能互联产品、使能工具、平台及系统等产业发展趋势分析

1）智能产品及智能互联产品发展趋势

近年来我国在智能产品以及智能互联产品和服务上都有所突破。以智能硬件设备为例，2017年第二季度全球智能穿戴设备出货量为2 630万台，同比增长10.3%，2017年全年可穿戴设备的出货量达到1.154亿台；就我国而言，2016年我国可穿戴设备市场规模增长至185.5亿元，2017年我国可穿戴设备市场规模在264.2亿元，增长了42.43%，显著高于全球水平。

（1）面向"中国制造2025"十大行业的智能产品研发。

面向"中国制造2025"十大重点建设领域，研制以人工智能为基础的智能产品，具有信息深度自感知、智慧优化自决策、精准控制自执行等能力，促进制造资源、产品与能力的人/机/物/环境/信息深度融合。

（2）智能互联产品。

针对各种智能产品不断涌现，而产品之间缺少互联互通的现状，智能互联产品的智能部件和连接部件的研发将成为未来智能制造发展的重要攻关要点。智能互联产品可实现人、智能设备、外界环境的感知与互联，促进智能产品之间的互感、分工协同，完成更加高级、复杂的任务，实现群体智能。研发智能产品互联服务平台，将支撑智能物流、智能家居、车联网、物联网等智能互联产品系统的建设。

2）智能制造产业使能工具发展趋势

（1）智能工业软件。

随着智能制造系统的进一步发展和完善，智能工业软件领域的研发将成为重点。2016 年中国工业软件市场规模达到 1 241.90 亿元，同比增长 15.0%，增速仍高于全球工业软件市场增长率。面向移动互联网、物联网、数字化产品与智能装备需求，研发终端操作系统与嵌入式操作系统软件、云平台系统软件、智能制造领域应用支撑服务软件，成为工业软件研发的支撑方向。主要包括研发软件［CAD、CAPP（computer aided process planning，计算机辅助工艺过程设计）、CAE（computer aided engineering，计算机辅助工程）、CAM（computer aided manufacturing，计算机辅助制造）、PDM（product data management，产品数据管理）等］、生产软件［MES、MRP（material requirement planning，物资需求计划）、质量控制（quality control，QC）等］、管理软件［ERP、HR（human resource，人力资源）、SCM、财务等］、服务软件［CRM、MRO（maintenance，repair & operations，非生产原料性质的工业用品）、智能监控等］和电子商务（在线销售和互联网金融等）等服务应用软件。例如，开目软件推出的基于三维装配的 CAPP，具有了一定智能，索为高科和金航数码合作，开发了面向飞机机翼、起落架等大型部件的快速设计系统，也是一种智能研发的软件，大大提升了产品的设计效率。

（2）智能硬件工具。

我国智能硬件市场规模在 2016 年达到 3 315 亿元，2017 年达到 4 011.2 亿元，同比增长21%左右，智能硬件市场总体保持稳定的增长态势，预计到 2019 年，我国智能硬件市场规模将达到 5 411.9 亿元。伴随着人工智能等技术的发展和传感器等技术的进入，智能硬件将在人机交互模式、智能化性能上更加完善，智能硬件将成为物联网生活的重要组成部分。智能硬件工具研究领域近年来取得了一定程度的发展，重点在智能材料、基于智能材料的智能传感器，如光纤传感器、压电传感器、微芯片传感器，以及推进精密和智能仪器仪表与试验设备、智能控制系统、关键基础零部件、元器件及通用部件、高档数控机床与基础制造装备、智能专用装备及自动化成套生产线等六大类产品研制。例如，伊利诺伊大学厄巴纳-香槟分校联合消费电子及医疗领域的巨头，发布首款贴合皮肤的智能传感器。GE、西门子及日立等企业在引领智能制造软件方面潮流的同时，也在智能装备、智能机器人等诸多领域形成企业优势。例如，安川发布了新一代小型工业机器人 MOTOMAN-GP 系列；发那科推出重量仅为 53 千克的小型协作机器人 CR-7iA。

3）智能制造系统发展趋势

GE、西门子等工业巨头在智能制造系统解决方案的研究与实施上依旧走在世界前列。为了在开创和全面推进高技术战略智能化工业的时代进程中发挥主导力量，具有庞大的产业链、产品体系和技术实力的巨头公司，纷纷推出自己的智能制造系统解决方案，将智能机床、先进分析方法以及人的连接，深度融合数字世界与机器世界，推动全球工业革命。

目前，面向"中国制造 2025"十大重点建设领域，建设智能制造系统以支撑流程智能制造、离散智能制造、网络协同制造、远程诊断与运维服务等新型制造模式，在智能制造单元、智能车间、智能工厂、智能行业不同层次上推动智能制造系统的研发和运行。

智能制造单元。智能制造单元通过优化布局规划技术、工件识别与定位技术、生产线监测和异常报警技术等技术，研制智能加工设备和自动上下料装置等设备，实现制造单元的柔性化，并可用于大规模定制化生产。

智能车间。智能车间通过融合多种感知技术、人工智能技术等，实现制造要素状况的全面感知，促进车间内的互联通信和数据集成，推动车间生产调度管理自主化决策、智能化运行，提升车间生产管理能力、产品质量、及时交付能力、检验能力、安全生产能力以及整体生产制造水平。

智能工厂。智能工厂将新型网络、智能设备、先进传感技术、大数据技术、人工智能技术与工厂制造业务相融合，优化供应链、生产管理等环节，实现人机相互协调合作以及工厂级的智能化与自主化决策，形成"状态感知—实时分析—自主决策—精准执行和学习提升"的生产模式。

智能行业。智能行业围绕全产业链和主价值链，研究典型制造企业的核心业务流程、核心业务环节集成（如研发设计内部信息集成），跨环节集成（如研发设计与制造环节的集成）、产品全生命周期（如产品需求、研发、设计、计划、工艺到生产、服务的全生命周期）的信息集成，以及端到端的流程集成，研究企业之间、企业与产品之间的协同，实现企业与人、人与人、人与系统、人与设备之间的集成，实现产品开发、生产制造、经营管理等企业间的信息共享和业务协同，动态形成智能虚拟企业联盟，构建上下游产业环境高效动态衔接、与最终用户良性互动的智能行业。

4）智能制造云运营产业发展趋势

大型制造企业实施互联网"双创"平台建设工程，支持建设基于互联网的"双创"平台，深化云计算、大数据、物联网等技术的集成应用，汇聚众智，加快构建新型研发、生产、管理和服务模式，促进技术产品创新和经营管理优化，提升企业整体创新能力和水平。

3. 工业互联网平台发展趋势

新兴技术与智能制造技术的深度融合，促使智能制造云平台迈进了一个新的阶段。工业互联网平台的发展呈现出以下三个发展趋势：一是支撑智能制造全产业链、产品研制全生命周期活动，提供覆盖产品全生命周期的数字化、网络化、智能化云服务；二是新互联网技术、新信息通信技术、新人工智能技术的容器化应用；三是基于云平台和边缘计算技术的边缘制造的发展。

4. 智能制造应用示范及推广发展趋势分析

1）构建不同层次智能制造系统应用示范

构建重点行业跨企业（行业/区域）智能制造系统与应用示范，构建制造资源/能力/产品服务云，支撑跨企业智能化协同研发、生产、管理、经销、物流和配套服务等全生命周期智能制造活动；面向制造企业，建立企业级智能制造系统与应用示范，构建企业级智能制造系统/云，提供基于大数据的智能云设计、云仿真、云试验、云生产、云管理、云供应链、云销售、云服务等企业服务，支撑企业开展智能制造全生命周期的活动；构建车间各类资源/能力服务云池，采用智能监控、智能车间物流技术、云排产技术等技术建立智能装备与智能产线，以及智能管控和智慧车间决策等，搭建智能车间运营中心，实现人机物协作的车间云应用示范；采用在线监测技术、工件识别与定位技术，建设智能装备、智能加工装置、在线监测系统、智能工位、报警安全系统、自动上下料装置等，搭建智能制造单元控制中心，推进智能制造单元应用示范。例如，航天云网公司为航天某企业提供智能工厂总体解决方案，从线上提供云端服务、业务协同等解决制造模式等问题，以及线下提供智能化改造服务，并通过线上和线下业务数据集成，实现制造模式的转变和智能化改造的转型升级。

2）构建智能工厂应用示范

在机械、航空、航天、汽车、船舶、轻工、服装、电子信息等离散制造领域，开展智能车间/工厂的集成创新与应用示范，成为推进智能制造的重点方向。研究人机协同的智能制造单元布局规划技术、在线监测技术、工件识别与定位技术，实现柔性化、智能化的智能制造单元，研究自主式无人系统的智能机器人技术、智能优化技术、智能监控技术、智能车间物流技术，推进基于自主式无人系统的智能车间建设，以及大数据驱动的智能设计、智能生产、智能管理、智能服务、智能物流等技术，推动智能工厂的建设，实现制造资源、能力、知识的全面共享和协同，提高制造资源利用率，实现了资源增效、绿色和低碳制造。例如，西门子的安贝格工厂是智能工厂的典范，该工厂采用西门子 SIMATIC 自动化解决方案，将制造设备接入工厂物联网，实现了制造过程的识别、分析、推理、决策及控制的闭环。

针对石油化工、钢铁、有色金属、建材、纺织、食品、医药等流程制造领域，也要重点开展智能工厂的集成创新与应用示范。实现智能决策、智能优化运行与控制一体化技术，融合新一代信息通信技术与流程工业信息通信集成技术，研发流程工业智能优化制造系统，进行大范围优化运行与动态实时调整，提升企业在资源配置、工艺优化、过程控制、产业链管理、质量控制与溯源、节能减排及安全生产等方面的智能化水平，同时取得显著的经济和社会效益，实现流程工业高效化、绿色化和智能化。例如，九江石化建设了集中集成平台、应急指挥平台和三维数字化平台等公共服务平台，形成信息数字化、网络高速化、数据标准化、应用集成化、感知实时化的智能工厂，通过智能工厂的建设实现了企业生产运营的自动化、数字化、模型化、可视化、集成化[28]。

5. 各行业发展趋势

1）航空装备产业

随着中国大型民用飞机的成功研制，未来 20 年，大型民用飞机双寡头垄断开始受到冲击，单通道窄体民用飞机细分市场多极竞争，

400 座级以下宽体民机市场"三极俱乐部"局面正在酝酿中。各种形式的合作成为增强自身竞争力的手段，大型民用飞机企业与其国内外供应商建立稳固的战略联盟，并采用专业化、国际化的大型民用飞机发动机、机载系统、航空材料的研发生产和客户服务主流商业模式。支线飞机制造业产业集中度、专业化程度不断提高，产品面向国际市场，需求向较大座级产品转移，降低总体油耗成为技术革新的焦点。直升机工业已构成一个非常有竞争性的工业领域，成为西方国家的主导产业之一，新兴市场国家也纷纷将直升机工业列为 21 世纪战略性产业加以发展。在完成了一轮合并重组后，形成了由欧洲直升机公司（现名"空客直升机公司"）、阿古斯塔·韦斯特兰公司、西科斯基飞机公司、贝尔直升机公司、波音公司和俄罗斯直升机公司等六家巨头统治市场的局面，竞争格局整体趋向稳定，产业集中度不断提高。航空发动机产业领域垄断格局已经形成，GE、罗·罗、普惠和斯奈克玛四大公司及其合资企业占据了整个市场80%以上份额。新兴市场国家要想打破这种格局，进入国际市场，面临着极大的困难。机载系统产品不断向系统综合化发展，具有较强实力的企业通过并购重组、业务整合提升系统集成能力，逐渐变成了系统集成供应商。航空电子系统由于综合化发展的趋势十分明显，尤其在系统集成和最新的前沿技术领域，已经基本形成了由霍尼韦尔、联合技术公司和泰雷兹三大供应商主导的市场竞争格局。机电设备与系统领域由于专业更为广泛，公共设备综合化发展尚在不断探索和完善中，因此垄断性的系统集成商在行业内还不十分突出。

2）卫星制造及应用产业

从产业结构调整的趋势来看，卫星服务业已成为卫星及应用产业的主要驱动力量，是未来的发展重点。其中，面向消费者的大众应用服务板块拥有非常好的市场前景，未来将对卫星制造业、卫星发射业、地面设备制造等板块产生更强的牵引带动力。从近年来的投资重点来看，如今全球已掀起商业航天的热潮，众多民营资本纷纷加入了商业航天的"阵营",为卫星及应用产业的发展带来了新的活力,如SpaceX、OneWeb 等公司发布了全球空间宽带互联网计划,以及英国空天全球公司(SAS Global)发布了纳米卫星星座计划等,商业航天这一领域将有望在未来成为卫星及应用产业的主要业态形式。特别值得一提的是,近年来小卫星市场蓬勃发展,由于其设计简单、技术成熟、研制周期短、投资和运营成本低、易于发射等特点,大大降低了卫星技术要求和市场准入门槛,为以往无法涉足卫星产业的机构和企业快速进入该领域带来了新的希望和新的途径,有望成为卫星及应用产业的重要分支领域。相对于我国而言,在"一带一路"倡议、军民融合战略等的引领下,卫星及应用产业也将迎来重要发展机遇,卫星制造和卫星应用服务等方面的市场潜在增量空前巨大。伴随着民营资本的引入和商业化、市场化发展,我国卫星及应用产业将进一步实现快速发展,对经济社会发展产生更为广泛而深远的影响力。

3)轨道交通装备产业

未来几年,我国轨道交通装备制造业将重点实施"绿色、智能轨道交通装备创新工程",发展绿色、智能轨道交通装备产品,实现全球领先战略。在技术创新和产品研发上,主动适应国内外运输市场变化和技术发展趋势,加快铁路客货运技术、产品和服务模式创新,全力满足铁路先进适用和智能绿色安全发展要求;紧紧抓住"一带一路""走出去"机遇,做好以中国标准动车组为代表的轨道交通装备、技术、服务整套解决方案和标准输出,建立全球化业务协同平台,提高"走出去"质量,加快"走进去"步伐;推进技术创新和服务能力提升,加强重载、快捷、高速、检修、节能环保、智能等关键技术研发和应用等。

4)海洋工程装备产业

"十三五"期间在海洋工程装备领域的主要技术方向包括以下几个方面。

(1)海上油气开发装备。"十三五"期间,重点突破浮式液化天然气（floating liquefied natural gas，FLNG）生产系统、张力腿平台（tension leg platform，TLP）、深水立柱式平台（Spar平台）、浮式生产钻井储卸油（floating drilling production storage and offloading，FDPSO）系统、实时监测装备等重大装备关键技术。重点研究新概念海洋工程结构物、深水平台关键技术问题、浮式海洋结构物定位系统关键技术问题，以及数字化建造与精益制造技术、材料与防腐技术、深海平台实验技术等。

（2）海底矿藏开发装备。主要包括深海ROV（remote operated vehicle，遥控无人潜水器）、海底重载施工装备、深海采矿装备、可燃冰开发装备、水面支持系统等重大装备。"十三五"期间需突破的关键技术包括海底开矿作业技术、海底集矿技术、深水矿物提升技术等。

（3）海洋可再生能源开发利用装备。主要包括波浪能发电机、浮式风力发电机、潮流能装备、温差能装备等。"十三五"期间需要突破的关键技术有：波浪发电技术、风力发电技术、潮流能利用技术、温差能利用技术等。

（4）海上浮式保障基地。海上浮式保障基地的形式有海上机场、深远海保障基地、岛礁建设施工浮式基地、海上发射平台等。"十三五"期间需要突破的关键技术有海上机场环形超大型深远海浮式基地（very large floating offshore base，VLFOB）相关技术、岛礁建设施工浮式基地相关技术、海上发射平台相关技术等。

（5）海洋生物与化学资源开发。海洋生物与化学资源开发装备主要包括深海渔业养殖装备、深海微生物开发利用装备、海水化学资源提取关键装备等。

5）高端数控机床产业

发达经济体纷纷重视本地区制造业的发展：美国先后提出实施《先进制造伙伴关系计划》、《先进制造业国家战略计划》等发展先进制造业及技术；德国提出了"工业4.0"的发展蓝图，致力于以

CPS 为核心、智慧工厂为载体，发展德国"工业 4.0"，并将其定位为新一轮工业革命的技术平台；日本公布了"产业结构蓝图"，确定了10个尖端技术领域，并以此为依托强化国内制造业；英国、韩国、印度、中国台湾等国家和地区亦提出积极的战略和政策，推动新兴技术在数控机床等装备产业领域加快融合。机床工业一直以来都是主要国家和领先企业重要的战略布局点，未来制造业格局变化调整，尤其对于全球汽车、航空航天、高端装备制造业等高战略度行业，机床行业是重要的战略支点，对于未来竞争力杠杆起到重要的影响作用。《中国制造 2025》重视数控机床和基础制造装备，提出要组织研发具有深度感知、智慧决策、自动执行功能的高档数控机床等智能制造装备，组织攻克一批长期困扰产品质量提升的关键共性质量技术，加强可靠性设计、试验与验证技术开发应用，开发一批精密、高速、高效、柔性数控机床与基础制造装备及集成制造系统，加快高档数控机床、增材制造等前沿技术和装备的研发。以提升可靠性、精度保持性为重点，开发高档数控系统、伺服电机、轴承、光栅等主要功能部件及关键应用软件，加快实现产业化。通过加强前瞻部署和关键技术突破，积极谋划抢占未来科技和产业竞争制高点，打造制造业强国，提高国际分工层次和话语权。

6）工业机器人产业

近年来，美国、日本、德国等工业发达国家已经将机器人产业的发展重心转移到实现机器人的"智能化"。美国 2011 年便提出计划，重点开发基于移动互联技术的第三代智能机器人，目前，美国在视觉、触觉等方面的智能化技术已非常先进。德国为保持其制造业领先地位提出的"工业 4.0"计划，也将智能机器人和智能制造技术作为迎接新工业革命的切入点。日本于 2015 年策划实施机器人革命新战略，目标是将机器人与 IT 技术、大数据、网络、人工智能等深度融合，建立世界机器人技术创新高地。

7）增材制造装备产业

根据 IDC（International Data Corporation，国际数据公司）的全球增材制造市场预测，到 2020 年全球增材制造市场规模将达到 354 亿美元，比 2016 年的 159 亿美元市场规模翻了一番，增材制造技术受到世界科技强国和科技巨头公司的空前重视，研发投入增长迅速。增材制造的行业格局正发生变化，普通消费级增材制造市场已经趋于饱和，金属增材制造成为行业焦点，国际上处于各行业领先地位的公司都把重点放在金属增材制造领域，构建起广泛的合作伙伴生态系统，有望重新制定行业规则。国际科技巨头美国 GE 公司，使用金属增材制造来研发航天发动机、大型涡轮以及其他高端装备。汽车行业巨头福特公司，利用增材制造技术进行汽车部件产品设计与研发；洛克希德·马丁公司利用金属增材制造技术研究高端武器装备、军工装备甚至增材制造打印导弹技术等。

第四章 "互联网+智能制造"新兴产业 2020 年发展目标

制造业是立国之本、兴国之器、强国之基。我国制造业"大而不强"，并处于制造业转型升级的关键时期，唯有通过实施"互联网+智能制造"，实现制造业转型升级，紧紧抓住新的科技革命和产业革命的机遇，重塑我国制造业优势，才能实现制造业由大变强。"互联网+智能制造"是新兴制造科学技术、信息通信科学技术、智能科学技术及制造应用领域专业技术的深度融合，是提升国家制造业水平的重要途径。"十三五"期间，"互联网+智能制造"着力通过攻克融合创新技术的智能制造系统总体、平台及全生命周期活动的智能化技术，形成自主知识产权的智能产品及智能互联产品、智能制造使能软硬件工具、智能制造系统及制造云运营服务等的智能制造产业，培育一批面向"互联网+智能制造"产业链的应用示范工程及重点领域智能工厂应用示范工程。

到 2020 年，在技术方面，通过对新一代人工智能技术、制造科学技术、信息通信科学技术及制造应用技术等四类技术在制造领域的深度融合发展的研究，形成"互联网+智能制造"系统体系架构和技术体系；逐步攻克总体技术、平台技术以及智能云制造技术等关键技术。

在产业方面，加快技术研究成果的产业化，推动研发智能产品和智能互联产品；逐步形成"互联网+智能制造"的自主可控使能工具/平台的产业；进一步形成区域级、行业级、企业级等"互联网+智能制造"系统开发实施的产业集群；形成"互联网+智能制造"系统运营服务的产业。期望在"十三五"期间智能制造相关关键技术成熟使用率达到60%，智能及智能互联产品市场占有率达到70%，智能制造活动中的生产效率提高50%、人均产值提升30%以上。

在应用方面，构建重点行业跨企业（行业/区域）智能制造系统与应用示范，构建制造资源/能力/产品服务云，支撑跨企业智能化协同研发、生产、管理、经销、物流和配套服务等全生命周期智能制造活动，培育一批面向"互联网+智能制造"区域级、行业级工业互联网重大应用示范；结合关键技术研究成果，融合新一代信息通信技术与流程工业信息通信集成技术，研发流程工业智能优化制造系统，推动重点领域（离散行业/流程行业）智能工厂应用示范工程。

第五章 "互联网+智能制造"的重点发展方向

一、工业互联网重点工程

工业互联网是集互联网技术、物联网技术、云计算技术、人工智能技术、大数据技术等深度融合应用的全球性工业创新载体。工业互联网将人、产品、制造装备、数据、智能分析与决策和执行系统等智能地连接在一起，构成一个信息（赛博）空间与物理空间融合的智能制造系统，它将大大提高制造业的创新能力、制造能力和服务能力，进而实现工业的再革命，而随着中国智能制造战略的推进，工业互联网平台发展热度再次升高。新的产业变革要求，必须加快工业互联网重点工程的落地实施，必须加强物联网网络架构研究，研究工业互联网关键技术，构建工业互联网创新支撑服务平台，组织开展物联网重大应用示范，推进公有云和行业云平台建设。

（一）研究工业互联网关键技术

工业互联网关键技术包括总体技术、平台技术和全生命周期活动智能化技术等。

1. 工业互联网总体技术

工业互联网总体技术涉及工业互联网体系架构、工业互联网服务模式、集成互联技术、工业互联网的安全体系、工业互联网评估体系及工业互联网标准体系等。

工业互联网体系架构通常包括感知/接入/通信层、平台层、云服务应用模式层以及各层所需要的标准规范和安全体系，其中感知/接入/通信层基于泛在网络（物联网、移动互联网、卫星网、天地一体化网等），利用智能传感装置、适配工具等将物理资源和能力接入系统。

工业互联网服务模式的研究，通过服务计算技术对资源和能力进行封装和组合，突破智能制造交易结构设计方法、企业资源和能力服务化调度、营利能力预测等关键技术，研究智能制造外部营销链、服务链扁平化一体化应用模式、复杂产品智能研制应用模式：一是通过共享网络将分布在不同物理位置的大量异构资源和能力连接起来，形成虚拟的集中资源，对资源和能力的聚合服务实现分散资源和能力的集中使用服务；二是通过对资源和能力的拆分服务，为分布在不同地理位置的用户提供实现集成资源和能力的分散使用服务；三是实现产品的增值服务。建立智能化、互联化、服务化、协同化、个性化（定制化）、柔性化、社会化、绿色化的产品制造和用户服务模式，实现新的客户价值、企业资源和能力、盈利方式，促进培育一批创新企业，推动大众创业、万众创新。

围绕智能制造业务发展对集成互联技术的新需求，推动集成互联技术的研究，通过物联网、信息物理融合系统等信息技术与应用技术融合，实现资源和能力的全系统、全生命周期、全方位的透彻接入和感知，来支持产业全生命周期活动"人-机-物-环境"融合一体。突破价值网络中企业间的商业模式、合作形式、商业秘密保护、标准化策略等问题，实现横向集成，解决不同层级的 IT 系统（如资源与能力层、感知与接入层、支撑功能层、用户界面层、服务应用层)的集成问题,为用户实现从顶层到底层、端到端的智能化服务过程。

工业互联网的安全体系研究,针对智能制造网络、数据和应用安全防护的需求,建设针对智能制造的信息安全防护体系,研究网络逻辑隔离、网络链路互备与加密、入侵防御等多层次、综合性的智能安全防护等技术,研究智能访问控制技术、基于大数据智能的数据隔离、加密传输、安全存储、剩余信息保护等技术,研究智能身份认证、安全审计、策略服务、授权管理、密码服务技术,实现智能制造服务平台与其他网络的安全互联、信息的安全交换和共享。

工业互联网评估体系是对服务的质量、成本、信誉以及交易过程中的表现等进行全面的分析和客观的评价,从而为服务用户提供有价值的参考。服务平台中的服务评价采用的是客观与主观相结合、定性定量相结合的综合评估模式。重点研究内容是服务的评估技术,基于服务质量模型的评估方法,包括相应的评估体系、评估模型和评估算法,针对能力服务,研究定性定量相结合的指标体系和评估方法。重点研究运行中的自动伸缩、灰度发布、日志处理、健康检查、故障恢复等,安全性能评估、标准评估、服务水平、负载情况检查等智能服务环境的构建/管理/运行/评估技术。

工业互联网标准体系重点研究总体标准、网络互联标准、安全标准、智能工厂应用标准和智能装备与产品标准。其中,总体标准主要是智能制造的总体性、通用性、指导性、指南性标准,包括体系架构、评估咨询、运营服务和集成与互操作标准;网络互联标准包括网络架构、网络技术、工业网关与传输技术、标识解析等标准;安全标准包括网络基础设施安全、智能设备安全、工业控制安全、业务应用安全、数据安全等方面的标准;智能装备与产品标准包括智能设备管理标准和智能产品管理标准。协调和统一智能制造设备、装备、平台和应用之间的接口,减少应用实现的技术障碍,推动智能制造技术的市场化。

2. 工业互联网平台技术

工业互联网平台技术包括研究智慧资源/能力虚拟化封装与规范化描述模型，"虚拟器件"模板或镜像的创建、发布、存储和迁移技术等虚拟化和服务化技术；虚拟化资源的配置、调度和管理，服务环境的构建/管理/运行/评估技术；基于集群管理技术、整合和特征抽取、机器学习算法、人工智能算法等的智能知识/模型/大数据管理分析与挖掘技术；基于人工智能算法以及基于肌电信号、脑电波的人机交互系统和普适人/机交互技术。

围绕智能资源/能力在线按需使用的目标，构建智能资源/能力虚拟化封装与规范化描述模型，研究"虚拟器件"模板或镜像的创建、发布、存储和迁移技术，虚拟器件的匹配、组合、部署和激活技术，虚拟制造资源和能力的状态与流程的监控、管理、调度、迁移及备份技术；建立规范化的基于语义的服务描述与发布技术，研究可变粒度虚拟化描述模型智能搜索按需聚合、按需分解技术，实现分散资源/能力的集中使用。为用户提供优质廉价的、按需使用的智能制造服务。

研究智能服务环境的构建/管理/运行/评估技术，围绕异构、开放式智能资源/能力按需组合、优化配置以及高效协同互操作的目标，研究智能化需求解析与任务分解、匹配及优化组合技术、智能服务环境的敏捷重构技术；构建智能服务的领域本体，建立制造服务的语义本体描述方法，研究制造服务的搜索与匹配算法和制造服务的数据管理等技术；基于多主体的虚拟智能服务的协同运行、异构资源集成与语义互操作、分布式协同环境的时空一致性、高可靠容错等技术，构建智能制造服务评估体系，形成智能服务的统一评价模型，研究虚拟服务环境综合评估方法以及多服务协同执行时整体评估与局部评价的映射技术。为智能服务资源、能力的共享、租售和配置提供支撑，实现用户利益最大化，实现制造企业 TQCSEFK〔最短的上市速度

（time）、最好的质量（quality）、最低的成本（cost）、最优的服务（service）、最清洁的环境（environment）、灵活（flexibility）、基于知识（knowledge）的创新］综合优化。

从智能制造的应用需求出发，研究知识图谱、工业互联网机理模型、大数据技术；研究与智能制造设备/装备的数据交互接口，基于边缘和云端的工业传感器实时在线数据采集技术，数据驱动、知识驱动和模型驱动的产品生命周期管理技术，云端集成智能制造信息化软件、分布式缓存技术；研究异质跨媒体大数据的整合和特征提取、基于可视化计算技术的图像分析等。提高企业生产效率，促进跨车间、跨企业的业务协同、优化，推动制造业的革新。

研究人机交互技术，围绕人类对自然、直观、便捷地与产品、设备进行指令传达、信息展示等输入、输出交互的需求，研究基于上下文信息的用户意图感知与融合技术，基于相似性计算的信息检索技术、面向智能制造云海量服务的信息可视化技术，基于草图的智能制造云服务表征、配置方法与智能理解技术，基于语音、生物电、生物磁信号的感知识别技术；建立经验知识结构大数据平台，学习、挖掘内隐知识，构建心智模型；研制基于肌电信号的人机交互系统、基于脑电波的人机交互系统、基于 AR/VR 的信息展示设备等。实现人与机器、设备、装备高效的双向交互，推动人机协同智能制造的发展。

3. 智能设计/研发/管理/服务等全生命周期活动智能化技术

智能化技术主要研究基于新一代人工智能的智能设计、智能研发、智能管理、智能服务等制造全生命周期活动智能化和全过程、全流程智能化等关键技术。

1）智能设计

针对我国制造业存在的设计协同能力不足、知识重用率低等问题，突破共享、并行、集成化处理设计过程的系统方法和综合技术，研究智能 CAX（CAD、CAM、CAE 等各项技术的综合叫法）/DFX

技术 [面向产品全生命周期的设计技术，包括面向装配的设计（design for assembly，DFA）等]，虚拟样机智能设计技术，基于大数据的设计预测、分析和优化技术，绿色设计技术，以及智能 3D 打印技术等；研究打破设计数据孤岛，链接多领域知识中心，加快形成基于大数据智能的设计模式；构建参数化、模块化、智能化设计流程，培养从数据到知识、从知识到智慧的设计能力；构建基于众包的智能设计平台，培育在线众包、个性化设计、智能化预测的设计新业态。提升我国制造业设计的效率和知识附加值。

2）智能研发

推动智慧云供需对接技术、云协同技术等研究及集成应用，支持制造业企业云端供需对接和协同研发生产的基础环境建设，搭建智能制造行业云平台运营中心，建设面向重点行业的云端跨企业排程及协同生产系统，研发云中心消息中间件及协同服务集成接口，开展云端研发企业、生产企业、供应商、经销商、金融服务企业的关于制造软硬资源/专业能力的供需对接，推进"资源共享、能力协同"的智能制造应用模式创新。

3）智能管理

研究自主决策的要素资源配置技术和基于云平台的制造资源/能力优化配置技术，形成动态、高效、智能的企业管理新模式；在制造资源的虚拟化、服务化的基础上，研究云项目管理、云企业管理、云质量管理、云营销、云供应链、云物流等新的资源计划、组织、控制、调度手段，培育高效、动态、协作的智能管理新业态。提升整个产业链的管理水平，促进能源、资金和人才的优化配置。

4）智能服务

研究智能售前/售中/售后综合保障云服务技术、装备智能故障诊断技术、预测和健康评估技术、远程支援技术，构建智能保障云服务平台，形成售后服务的全网络支持、智能化预测维护和智能化客服的服务新模式；开发基于 VR/AR 技术的产品使用维护手册，创新装备使用维保手段。提升保障服务的质量和效率，并降低服务成本。

（二）发展使能工具、平台产业

发展使能工具、平台产业，形成自主可控的使能工具、平台产业。在重点领域发展智能互联产品；发展系统软件、平台软件、应用软件等智能工业软件，以及支撑智能设计/生产/管理/试验/保障的使能工具；发展系统研发与运行产业。

1. 智能互联产品研发产业

针对各种智能产品不断涌现，但各种智能产品之间缺少互联互通的现状，研究智能互联产品的智能部件和连接部件，主要包括产品内置的软件应用和操作系统；研究智能产品与现代通信和网络技术的融合，实现人、智能设备、外界环境的感知与互联；研究基于互联网的群体智能技术，促进智能产品之间的互感、分工协同，完成更加高级、复杂的任务，实现群体智能；研发智能产品互联服务平台，支撑智能物流、智能家居、车联网、物联网等智能互联产品系统的建设。

2. 软件/系统/平台产业

1）智能工业软件

以推动 CAX、CAPP、PDM、MES、ERP 等工业软件的云化应用为目标，研究工业软件云化应用的技术架构、云环境下多租户管理及权限控制、数据存储技术，研究开发工业软件云化应用的支撑平台，构建工业软件云应用基础资源库，包括标准件库、材料库、工具库等；构建工业软件云应用知识库，为远程用户提供知识解决方案；融合工业大数据的采集、前置处理、实时处理、存储、分析挖掘以及可视化技术，为用户提供工业大数据相关服务，促进决策管控智能化，构建工业软件云化应用新模式。

2）智能制造系统

持续研究包括智能制造总体技术架构、智能化制造服务的商业模式、智能管控的集成互联技术、智能制造安全体系、智能制造安全评估体系、智能制造标准体系在内的智能制造系统总体技术。研究制造过程人、机、物的知识表征新体系，构建智能企业经营管理模式；建立智能制造资源集成、信息集成、功能集成、服务集成、综合管理集成的标准技术体系；研究互联网环境下工业控制系统安全技术，推动开放环境的群体智能制造模式的应用等。

3）工业互联网平台

研发基于新信息通信技术、新人工智能技术等的智能制造系统平台，应用以大数据智能、群体智能、跨媒体智能等为核心的新一代人工智能技术以及云计算、边缘计算、区块链技术等新信息通信技术，实现智能研发、智能管控、智能服务和智能商务等制造业的全产业链云服务，逐步引导制造企业进行数字化、网络化、智能化建设。构建面向服务的软件定义网络控制平台。研究网络虚拟化标识、资源映射、计算存储融合等问题，通过采用面向服务快速自动化定制网络的未来网络理念，构建基于软件定义技术的计算存储网络协同管控的虚拟化网络试验平台，实现多个业务自动高效创建、并行运行互不干扰、服务质量有保障，为同一个基础设施上承载未来物联网、车联网、工业互联网等未来网络和服务形态提供支撑。

3. 发展工业互联网云运营产业

基于工业互联网，支持建设工业互联网平台，深化工业云、工业大数据等技术的集成应用，组织大型互联网企业建设面向制造企业特别是中小企业的智能制造云服务平台，完善制造业的云服务体系，构建新型工业互联网产业云运营平台和服务模式。

组织大型制造企业实施互联网"双创"平台建设工程，支持建设基于互联网的"双创"平台，深化工业云、大数据等技术的集成应用，汇聚众智，加快构建新型研发、生产、管理和服务模式，促进技术产品创新和经营管理优化，提升企业整体创新能力和水平。

组织实施"双创"服务平台支撑能力提升工程，支持大型互联网企业、基础电信企业建设面向制造企业特别是中小企业的"双创"服务平台，鼓励基础电信企业加大对"双创"基地宽带网络基础设施建设的支持力度，进一步提速降费，完善制造业"双创"服务体系，营造大中小企业合作共赢的"双创"新环境，开创大中小企业联合创新创业的新局面。

（三）建立区域级、行业级工业互联网重大应用示范

围绕制造全生命周期活动及全过程、全流程的智能化发展需求，部署实施基于工业互联网群体使能的协同研发群智空间，基于大数据的协同供应链与营销链，以及面向制造全过程、全流程智能化的工业互联网应用示范。

推动基于大数据智能的云设计技术、云生产技术、云企业管理技术、云供应链技术、云物流技术、云销售技术、云 3D 打印技术、云建模与仿真技术、云试验技术、综合保障云服务技术、智能巡检技术等研究及集成应用，支持企业基于大数据智能的云服务基础环境建设，搭建基于大数据智能的智慧企业云平台运营中心，研发面向企业各业务的云资源服务系统，推进基于大数据驱动和跨媒体推理的企业云服务应用模式创新。

二、重点领域智能工厂应用示范

智能工厂将是未来工业体系的一个关键特征。在智能工厂里，人、机器和资源如同在一个社交网络里自然地相互沟通协作；生产出来的智能产品能够理解自己被制造的细节以及将如何使用，能够回答

"哪组参数被用来处理我""我应该被传送到哪里"等问题。在智能工厂里，智能辅助系统将从执行例行任务中解放出来，专注于创新、增值的活动；灵活的工作组织能够帮助工人把生活和工作实现更好的结合，个体顾客的需求将得到满足[29]。

为了实现"工业 4.0"，德国联邦教研部与联邦经济技术部联手投入高达 5 亿欧元支持该计划，由德国人工智能研究中心（Deutsches Forschungszentrum für Künstliche Intelligenz, DFKI）牵头，西门子公司、菲尼克斯电气公司以及 SAP 公司等 23 家工业自动化企业参加，组成了"智能工厂创新联盟"。该联盟的目标是研发、演示、应用和分享创新的智能工厂技术，提出融合规划、工程和生产工艺以及相关机电系统的全面解决方案，为智能工厂技术应用于工业生产创造条件[30]。

智能工厂以提升工厂研发、生产、能源利用、整体运营管理水平为目标，研究制造领域离散行业/流程行业的智能工厂关键技术，关注新型网络、智能设备、先进传感技术、大数据技术、人工智能技术与工厂制造业务的融合，研究业务环节的智能化与自主化决策，研究工厂不同层级设备、工控系统和工业软件系统以及企业管理信息系统的互联互通等；开展离散行业智能车间/工厂的集成创新与应用示范，推进数字化设计、装备智能化升级、工艺流程优化、精益生产、可视化管理、质量控制与溯源、智能物流等试点应用，推动全业务流程智能化整合，同时开展流程行业智能工厂的集成创新与应用示范，提升企业在资源配置、工艺优化、过程控制、产业链管理、质量控制与溯源、节能减排及安全生产等方面的智能化水平。

（一）研究制造领域离散行业/流程行业的智能工厂关键技术

智能工厂涵盖企业经营业务各个环节，包含研发设计、生产制造、营销服务、物流配送等制造业的全产业链的经营管理活动。智能工厂生产制造涉及不同层级的硬件设备，从最小的嵌入设备和基础元器件开始，到感知设备、制造设备、制造单元和生产线，通过物联网技术、工业控制系统等手段，实现制造硬件的互联互通。通过"工业互联网平台+企业云"的建设，融合"互联网+智能制造"的新技术，打造智能工业互联网平台及生态环境，构建产业链生态体系。形成面向云服务、高效低耗和基于知识的网络化敏捷聚合云制造新模式。实现线上线下结合、制造服务结合、创新创业结合新业态，为政府、行业、企业等用户提供不同领域、不同程度的信息、数据、分析等服务。

由于产品制造工艺过程的明显差异，离散行业和流程行业在智能工厂建设方面的重点内容有所不同。对于离散行业而言，产品往往由多个零部件经过一系列不连续的工序装配而成，其过程包含很多变化和不确定因素，在一定程度上增加了离散行业生产组织的难度和配套复杂性。企业常常按照主要的工艺流程安排生产设备的位置，以使物料的传输距离最小。面向订单的离散行业企业具有多品种、小批量的特点，其工艺路线和设备的使用较灵活，因此，离散行业企业更加重视生产的柔性，其智能工厂建设的重点是智能制造生产线。

流程行业的特点是管道式物料输送，生产连续性强，流程比较规范，工艺柔性比较小，产品比较单一，原料比较稳定。对于流程制造业而言，由于原材料在整个物质转化过程中进行的是物理化学过程，难以实现数字化，而工序的连续性使得上一个工序对下一个工序的影响具有传导作用，即如果第一道工序的原料不可用，就会影响第二道工序。因此，流程行业智能工厂建设的重点在于实现生产工艺的智能优化和生产全流程的智能优化，即智能感知生产条件变化，自主决策系统控制指令，自动控制设备，在出现异常工况时，即时预测和进行自愈控制，排除异常、实现安全优化运行；在此基础上，智能感知物流、能源流和信息流的状况，自主学习和主动响应，实现自动决策[31]。

建设智能工厂主要研究以下共性关键技术。

1. 总体技术

研究通过信息及集成互联技术，搭建企业内部的信息化管理系统，充分发挥企业的服务器资源、计算资源的能力，实现软件系统的高度集成和统一，实现全系统、全生命周期、全方位的互联、互通、集成、协同，以满足用户需求。在协同平台的信息整合基础上，以用户订单为驱动，通过（云）资源计划系统与企业云资源管理系统的纵向集成，打通企业内部和企业与社会资源的信息链路，整合生产环节各类制造资源并进行优化排程和外协外购协同，为敏捷化虚拟企业组织的动态协同管理提供全面支撑，实现多主体按需动态构建虚拟企业组织以及虚拟企业业务协同运作的有机融合与无缝集成。

智能化制造服务的商业模式重点研究智能制造外部营销链、服务链扁平化一体化应用模式，复杂产品智能研制应用模式，个性化定制化生产模式；建立智能化、互联化、服务化、协同化、个性化（定制化）、柔性化、社会化、绿色化的产品制造和用户服务模式，实现新的客户价值、企业资源和能力、盈利方式。

面向智能工厂（线下）的智能制造安全体系，针对智能制造网络、数据、应用和设备设施安全防护的需求，建设面向智能制造的信息、网络及设备的安全防护体系，研究网络链路互备与加密、入侵防御等多层次、综合性的智能安全防护等技术；研究智能访问控制技术，基于大数据智能的数据隔离、加密传输、安全存储、剩余信息保护等技术；研究芯片安全、嵌入式操作系统安全、应用软件安全技术，保证智能设备、智能产品的安全使用及运行；研究网络接入安全、网络传输安全及网络安全监测等技术。实现智能制造服务平台与其他网络的安全互联、信息的安全交换和共享。

2. 平台支撑技术

研究智能资源/能力感知、物联技术。立足智能资源/能力全系统、全生命周期、全方位的接入和感知互连的需求，建立通用多维智能资源/能力描述模型，为智能资源/能力的表达提供模板和数据结构；研究传感器、条形码、RFID、摄像头、人机界面等感知技术，实现状态自动或半自动感知；研究硬制造资源，如机床、加工中心、仿真设备、试验设备、物流货物等制造硬设备，以及能力，如人/知识、组织、业绩、信誉、资源等的感知、接入，网络传输、海量感知数据的高效分析与处理综合应用技术，为智能制造的业务执行过程提供服务。

立足智能制造万物互联、规模庞大的知识、模型和工业数据价值发掘的应用需求，研究智能制造设备/装备数据采集和监控技术、工业传感器实时在线数据采集技术、产品生命周期知识管理技术、信息化平台（CRM、PDM、ERP、MES 等）数据集成等技术；研究智能知识/模型/大数据分布式缓存技术；研制智能知识/模型/大数据融合分析和推理工具；开发智能知识/模型/大数据挖掘和可视化系统。提高企业决策和业务优化水平，推动智能制造业向基于知识、数据的制造服务模式转变。

3. 智能化技术

面向机械、航空、航天、汽车、船舶、轻工、服装、电子信息等离散制造领域，攻克智能工厂数字化智能设计技术、装备智能化技术、工艺流程智能优化技术、精益智能生产技术、可视化智能管理技术、质量智能控制与溯源技术、智能物流技术等，突破流程行业关键技术。

面向石化化工、钢铁、有色金属、建材、纺织、食品、医药等流程制造领域，攻克智能工厂系统资源智能配置技术、工艺智能优化技术、过程智能控制技术、产业链智能管理技术、质量智能控制与溯源技术、智能节能减排及智能安全生产等技术。

4. 其他关键技术

同时需要重点突破虚拟仿真设计、网络化智能设备、模块化定制生产和大数据化精益管理等技术。

（二）发展覆盖产品级、装备级、系统级的智能制造产业

研究智能互联产品的智能部件和连接部件，主要包括产品内置的硬、软件应用和操作系统，研究智能产品与新一代信息通信技术的融合，研发智能产品互联服务平台等；重点突破智能材料、智能传感器、精密仪器仪表、高档数控机床、工业机器人及智能机器人等智能硬件工具的研制，形成自主可控软硬件使能工具/智能装备产业；研发和运行智能制造单元、智能车间、智能工厂、智能行业不同层次智能制造系统。重点研究智能工厂不同层级设备、工控系统和工业软件系统及企业信息化系统的互联互通；研究新型网络、智能设备、先进传感技术、大数据技术与工厂制造业务的融合；研究供应链精益管理、营销链管理、安全生产管理、工厂物流管理、售后链管理等业务环节的智能化与自主化决策，形成智能工厂系统研发与运行的产业。

1. 智能产品

围绕新一代信息技术、高档数控机床和机器人、航空航天装备、海洋工程装备及高技术船舶、先进轨道交通装备、节能与新能源汽车、电力装备、新材料、生物医药及高性能医疗器械、农业机械装备等十大重点领域，推动智能产品研制，支撑实现制造全系统及全生命周期活动中人、机、物、环境、信息自主智慧地感知、互联、协同、学习、分析、预测、决策、控制与执行，支撑单租户、多租户协同、跨阶段、按需动态组织制造资源/能力等多种新型智能制造模式。

2. 智能硬件及装备

面向智能材料自感知、自诊断、自处理、自决策修复发展需求，深入研究智能材料的机理，研究智能传感器、自适应结构等智能材料，满足智能制造各方面的需要。

在智能专用装备领域，要重点发展新一代大型电力和电网装备、智能机器人、快速集成柔性施工装备等智能化大型施工机械，以及大型先进高效智能化农业机械等。结合面向《中国制造 2025》十大重点领域及其他国民经济重点行业的需求，重点针对航空航天装备、汽车、电子信息设备、工业机器人等重点产业发展的需要，开发高档数控机床、先进成型装备及成组工艺生产线。实现生产过程自动化、智能化、精密化、绿色化，支撑培育和发展战略性新兴产业。

3. 智能制造系统

重点研究智能工厂/智能车间/智能单元等不同层次的智能制造系统。

智能工厂。研究供应链精益管理、营销管理、安全生产管理、工厂物流管理、售后服务管理、能源利用管理等业务环节的智能化与自主化决策；研究工厂不同层级设备、工控系统和工业软件系统以及企业管理信息系统的互联互通，构建人机一体化的混合智能系统，使其可以独立承担感知、分析、判断、决策、控制等任务。

智能车间。研究推进超高频 RFID、非接触式传感器、三维图像识别等多种感知技术在制造业的深入应用，全面感知制造企业人机料法环测等制造要素状况；研究推进人工智能技术在智能加工、智能装备、自动化制造、自动化检验、自动化工艺、自主式生产等方面的深入应用；研究推进工控设备、传感器、工业以太网、工业软件、工业企业管理信息系统之间的互联通信及数据集成；研究大数据分析、人工智能在车间排程等方面的应用等。

智能单元。研究基于多种感知技术的工件识别与定位技术；研制根据加工对象自适应加工制造、加工、测量检验为一体的智能加工设备；研制根据加工对象自适应的自动上下料装置；研究基于多种感知技术的生产线监测和异常报警技术；等等。

（三）构建离散行业/流程行业的智能工厂应用

面向机械、航空、航天、汽车、船舶、轻工、服装、电子信息等离散制造领域，开展智能车间/工厂的集成创新与应用示范，基于人机协同的智能制造单元布局规划技术、在线监测技术、工件识别与定位技术，实现柔性化、智能化的智能制造单元应用示范；基于自主式无人系统的智能机器人技术、智能优化技术、智能监控技术、智能车间物流技术，推进基于自主式无人系统的智能车间建设；基于大数据驱动的智能设计、智能生产、智能管理、智能服务、智能物流等技术，推动智能工厂的建设，实现制造资源、能力、知识的全面共享和协同，提高制造资源利用率，实现资源增效、绿色和低碳制造。

面向石化化工、钢铁、有色金属、建材、纺织、食品、医药等流程制造领域，开展智能工厂的集成创新与应用示范，基于知识挖掘和分析技术的智能软件架构与实现技术，融合新一代信息通信技术与流程工业信息通信集成技术；基于工作流、多媒体智能管理技术，研发流程工业智能优化制造系统，进行大范围优化运行与动态实时调整，提升企业在资源配置、工艺优化、过程控制、产业链管理、质量控制与溯源、节能减排及安全生产等方面的智能化水平，实现智能决策、智能优化运行与控制一体化技术，取得显著的经济和社会效益，实现流程工业高效化、绿色化和智能化。

第六章　"互联网+智能制造"新兴产业发展行动计划实施途径

一、"互联网+智能制造"新兴产业发展行动计划可行性分析

在国家政策的扶持下，我国制造业的龙头企业争相开展"互联网+"下智能制造技术研究与产业应用方面的工作，在推动新兴技术产业发展的同时，大力发展基于互联网的社会化协同制造、柔性化生产、个性化定制等云制造新模式。在推进"互联网+智能制造"转型升级过程中，国家着力推进"互联网+智能制造"试点示范进展，在重点领域积极推进《2015 年智能制造试点示范专项行动实施方案》和《智能制造试点示范 2016 专项行动实施方案》的落地实施。

二、"互联网+智能制造"新兴产业发展行动计划主要建设内容

"互联网+智能制造"领域重点涉及"互联网+"工程和重点领

域智能工厂应用示范工程两个重大行动计划。其中"互联网+"由国家发改委牵头，工信部、科学技术部、人力资源和社会保障部、国家互联网信息办公室、农业部、国家能源局、中国人民银行、商务部、交通运输部、环境保护部、国家工商行政管理总局等按职责分工负责。"重点领域智能工厂应用示范工程"由工信部牵头，国家发改委、科学技术部、财政部、国家质量监督检验检疫总局等按职责分工负责。

国家发改委牵头，工信部、科学技术部、人力资源和社会保障部、国家互联网信息办公室、农业部、国家能源局、中国人民银行、商务部、交通运输部、环境保护部、国家工商行政管理总局等按职责分工负责"互联网+"工程。深入推进"互联网+"创业创新、协同制造、现代农业、智慧能源、普惠金融、益民服务、高效物流、电子商务、便捷交通、绿色生态、人工智能等 11 个重点行动，建设互联网跨领域融合创新支撑服务平台。促进基于云计算的业务模式和商业模式创新，推进公有云和行业云平台建设。加强物联网网络架构研究，组织开展物联网重大应用示范。加快下一代互联网商用部署，构建工业互联网技术试验验证和管理服务平台。创建国家信息经济示范区。

工信部牵头，国家发改委、科学技术部、财政部、国家质量监督检验检疫总局等按职责分工负责重点领域智能工厂应用示范工程。在机械、航空、航天、汽车、船舶、轻工、服装、电子信息等离散制造领域，开展智能车间/工厂的集成创新与应用示范，推进数字化设计、装备智能化升级、工艺流程优化、精益生产、可视化管理、质量控制与溯源、智能物流等试点应用，推动全业务流程智能化整合。在石化化工、钢铁、有色金属、建材、纺织、食品、医药等流程制造领域，开展智能工厂的集成创新与应用示范，提升企业在资源配置、工艺优化、过程控制、产业链管理、质量控制与溯源、节能减排及安全生产等方面的智能化水平。

各地区要主动作为、完善服务、加强引导、大胆探索，促进"互联网+智能制造"新业态、新模式发展。遴选一批基础条件好、需求迫切的重点市（区、县）建设"互联网+智能制造"试点示范区，试点地区应研究制定适合本地的"互联网+智能制造"行动试点示范落实方案，因地制宜，合理定位，科学组织实施。

三、"互联网+智能制造"新兴产业发展行动计划基本实施思路

近年来，我国已步入了以"三期叠加"为突出特征的经济新常态，外需持续乏力，中国工业体系和大量工业企业急需转型升级，迫切需要改变传统的以要素投入为主导的粗放型增长模式。针对这些问题，我国政府先后推出的《中国制造 2025》、"互联网+"行动计划、《国务院关于深化制造业与互联网融合发展的指导意见》等指导政策，已成为我国应对"互联网+智能制造"时代的行动指南。

"互联网+智能制造"新兴产业发展行动计划以《"十三五"国家战略性新兴产业发展规划》为主线，以《中国制造 2025》《国务院关于积极推进"互联网+"行动的指导意见》为引导，以《新一代人工智能发展规划》为指引。其中，《中国制造 2025》指出，在推进信息化与工业化深度融合的过程中，要发展云制造等新型制造模式。《国务院关于积极推进"互联网+"行动的指导意见》也明确指出，鼓励有实力的互联网企业构建网络化协同制造公共服务平台，面向细分行业提供云制造服务。

同时，做好"'互联网+'行动计划的发展战略研究"和"中国人工智能 2.0 研究"之间的共性研究和边界区分。其中，"互联网+"项目突出"互联网+"与各领域融合的新经济形态，突出"互联网+"行动计划项目是经济社会创新发展的重要驱动力量。"人工

智能 2.0"项目,明确规划基于新一代人工智能的发展,加快推进产业智能化升级。

本书是在《"十三五"国家战略性新兴产业发展规划》的基础上,重点围绕"'互联网+'工程"和"重点领域智能工厂应用示范工程"两个工程深入研究,来实现"互联网+智能制造"新兴产业发展规划的落地,撰写的重点是面向"十三五"在工业互联网和重点行业智能工厂方向的研究。本书从实现目标、主要任务、代表性成果等方面展开研究。

四、"互联网+智能制造"新兴产业发展行动计划资金需求及筹措渠道

(1)加强引导支持。选择重点领域,加大中央预算内资金投入力度,引导更多社会资本进入,分步骤组织实施"互联网+"协同制造重大工程,重点促进以移动互联网、云计算、大数据、物联网为代表的新一代信息技术与制造业的融合创新,发展壮大新兴业态,打造新的产业增长点。

(2)加大财税支持。充分发挥国家科技计划作用,积极投向符合条件的"互联网+智能制造"融合创新关键技术研发及应用示范。统筹利用现有财政专项资金,支持"互联网+智能制造"相关平台建设和应用示范等。鼓励地方政府设立"互联网+"协同制造专项资金,创新政府投入和风险补偿机制,探索"互联网+智能制造"发展的新模式。

(3)完善融资服务。充分发挥国家出资设立的先进制造产业投资基金、新兴产业创投基金、中小企业发展基金等有关基金的投资引领作用,引导带动天使投资、风险投资、产业投资等社会资本加大对"互联网+智能制造"相关创新型企业的投资力度。支持符合

条件的"互联网+智能制造"企业发行企业债券。开展产融结合创新试点，探索股权和债权相结合的融资服务。鼓励开发性金融机构通过专项建设基金等方式为"互联网+智能制造"重点项目建设提供有效融资支持。

第七章　"互联网+智能制造" 新兴产业的创新体系

一、注重技术、产业、应用方面的创新体系建设

从技术研究、产业培育和应用推广三个方面来推进"互联网+智能制造"的健康发展。

（一）在技术方面加强六个重视

（1）要重视将新制造科学技术、新信息科学技术、新智能科学技术及制造应用领域技术深度融合，突破传统制造业全面改造提升中面临的工业互联网平台建设和应用中的关键技术。例如，要加强智能制造系统总体技术中的异构集成技术的研究，平台技术中融合大数据技术、边缘计算技术、新人工智能技术及 5G 技术等研究。

（2）要重视加强智慧云环境中制造业所涉及的智能设计、智能生产、智能管控、智能试验、智能服务等智能制造活动的新模式、新流程、新手段（硬/软）、新业态的研究，它是智能制造系统的基础。

（3）要重视数据库、算法库、模型库（包括一次模型、二次模型等）、大数据平台、计算能力等基础能力的建设。

（4）要重视符合"分享经济"的商业模式技术研究。

（5）要重视应用区块链技术的安全技术（制造系统安全及商业安全技术）及相关标准和评估指标体系技术研究。

（6）要重视智能化感知、接入、互联层的技术研究等。

（二）在产业方面重视四个加强

互联网生态下，制造业产业结构的调整和优化，是转型升级的重要路径。将新一代人工智能技术引领下的工业互联网产业发展作为传统制造业全面改造提升的重点，需要重视四个加强。

1. 加强智能产品和智能互联产品的研发

通过传统制造业与新技术的融合，催生一批智能产品和智能互联产品。

2. 加强工业云平台和使能工具集的研发

打造统一的工业互联网平台，研发一批使能工具集，实现制造业跨行业跨领域协同应用。

1）工业互联网平台

研发统一的、新一代人工智能技术引领下的工业互联网平台，应用以大数据智能、群体智能、跨媒体智能等为核心的新一代人工智能技术以及云计算、边缘计算、区块链技术等新信息通信技术，实现智能研发、智能生产、智能服务和智能管控等制造业的全产业链云服务，逐步引导传统制造企业进行数字化、网络化、智能化建设。

2）工业软件

基于制造业产品与智能装备需求，重点推进研发软件（CAD、CAPP、CAE、CAM、PDM 等）、生产软件（MES、MRP、QC 等）、管理软件（ERP、HR、SCM、财务等）、服务软件（CRM、MRO、智能监控等）和智能管控（在线销售和互联网金融等）等使能应用软件的研发产业发展。

3）智能云服务平台的使能硬件

充分融合新一代人工智能技术、物联网技术等，重点发展智能物联网网关、物联网接口等智能硬件的研发，实现智能设备云端接入，并提供数据采集、交互等智能服务，满足传统制造业改造提升中智能传感器、工业设备、工业系统及工业边缘计算的应用需求。

3. 加强工业互联网系统的构建与运行产业

建设基于工业互联网构建行业/区域、工厂、车间、制造单元等不同层次的智能制造系统，这些智能制造系统具有自感知、自学习、自决策、自执行和自适应等功能。其中智能制造单元在制造工艺等方面应用多种感知技术实现制造单元的柔性化和大规模定制化生产；智能车间在生产工序等方面结合感知技术、人工智能技术等实现车间的智能化运行；智能工厂融合新兴技术和制造业务，可提升制造工厂的生产研发水平和能源利用率等；行业/区域智能制造系统可实现全产业链和主价值链的信息共享和业务协同等。

4. 加强工业互联网运营中心的运营服务产业

推动平台企业与传统制造企业联手打造统一的工业互联网平台，深化工业云、大数据等技术的集成应用，汇聚众智，加快构建新型研发、生产、管理和服务模式，促进技术产品创新和经营管理优化，提升传统制造企业整体创新能力和水平。同时，推动构建工业互联网服务体系，开创大中小企业联合创新创业的新局面。

（三）在应用方面加强四个突出

第一，要突出行业、企业的特点。

第二，突出以问题为导向的制造模式、手段和业态的变革。

第三，要突出系统的六要素（人/组织、技术/设备、经营管理、数据、材料、资金）、六流（人才流、技术流、管理流、数据流、物流、资金流）的综合集成化、优化和智慧化。

第四，要突出系统工程的实施原则，即"一把手挂帅""创新驱动，总体规划，突出重点，分步实施"的指导思想，制定好发展规划与阶段性实施方案等。

在坚持四个突出的原则之上，重点推进以下四大应用工程。

1）智能制造系统应用工程

围绕不同层次的智能制造系统的融合应用，部署实施模型驱动的跨企业（行业）智能协同制造、知识驱动的智能制造企业云服务、人机物协同的智能车间云、自主智能制造单元等典型应用示范。

重点包括构建行业的各类制造资源/能力服务云池，按照具体研发生产任务需求，采用智能云供需对接技术实现资源/服务的动态匹配和服务环境的自主智能构建管理与运行评估，搭建智能制造行业云平台运营中心，支撑在云端开展模型驱动的跨企业协同研发、生产、管理、经销、物流和配套服务等全生命周期智能制造活动；构建企业的各类制造资源/服务的云池，基于企业各类数据、模型、知识的集成、管理和分析挖掘，搭建智能企业云平台运营中心，提供基于大数据和大知识的智能云设计、智能云建模与仿真、智能云试验、智能云生产、智能云管理、智能云供应链、智能云物流、智能云销售、智能3D 打印、智能云综合保障等企业服务，支撑企业开展智能制造全生命周期的活动；构建车间的各类制造资源/能力服务云池，采用人机物协同的智能协作机器人技术、加工代码智能优化技术、智能设备健康保障技术、智能监控技术、智能车间物流技术、云质量管理技术、云计划管理技术、云排产技术等建设智能装备与智能生产线，以及智能制造执行过程管理和智慧车间决策等云管控系统，搭建智能车间云运营中心，实现人机物协同的智能车间云及应用示范；采用基于自主式高级无人系统的智能制造单元布局规划技术、在线检测技术、工件识别与定位技术、异常报警技术等技术和产品，建设智能装备、智能加工装置、在线监测系统、智能工位、报警安全系统、自动上下料装置等，搭建基于自主式高级无人系统的智能制造单元控制中心，推进自主智能制造单元示范。

2）面向离散制造全产业链活动的智能制造应用工程

围绕离散制造行业全产业链活动的改造提升需求，部署实施基于互联网群体智能的个性化创新设计、协同研发群智空间、智能云工厂、智能协同保障与供应营销服务链等典型示范。

重点包括采用互联网群体智能技术和产品，搭建基于互联网群体智能的个性化创新设计平台，面向重点行业实现云端群体智能的用户选品、体验、参与设计和实时追踪，推进个性化创新设计示范；采用共享、并行、集成化处理研发过程的系统方法和综合技术，构建支持大数据处理、知识协同和创新汇聚的群智空间，面向重点行业、企业及个人用户开发各类协同研发群智平台，通过互联网众包的方式把研发任务外包给群体网络，激励个人、企业等自主参与者以自主协同方式来共同应对研发挑战，推进协同研发群智空间示范；通过大数据和大知识驱动的智能技术，实现智能云排产系统，从而达到资源共享的效果，智慧地解决生产资源和能力的忙闲不均问题，加快生产进度并且实现企业产品生产的智能管理，同时通过感知、机器学习和跨媒体的智能处理，自主决策生产过程，支持虚实结合的优化生产；建设知识驱动的智能协同保障与供应营销链支撑平台，基于平台开展物流、供应链、库房、营销等相关信息的采集，并利用大数据技术进行智能分析，优化供应链物流路径规划，通过预配送、前置库房、用户需求特征与产品匹配分析等多种方式构建精细化物流、精准营销，实现智能协同保障与供应营销链新模式。

3）面向流程制造全过程的智能制造应用工程

围绕流程制造行业全过程活动的改造提升发展需求，部署实施流程工业智能感知、智能建模、智能控制、智能优化与智能运维等典型示范。

重点包括采用机器学习理论与工业大数据分析方法，建立工业流程重要过程参数和质量参数的高精度、可实时获取的智能感知理论与方法；建立可满足实时控制及多工况柔性生产要求的基于机理、数据与知识相结合的工业流程智能建模理论与方法；开发全流程、变工况、数据畸变、混杂动态变化的多约束、多目标实时智能控制系统；综合考虑产品质量、操作运行平稳性、物耗能耗、设备效能等关键指标，建立人-机-物协同决策的智能优化系统；采用结合专家知识的自学习机制与深度机器学习理论，实现流程工业智能状态监测、故障诊断与异常工况自愈调控的智能运维。

4）智能创新设计应用工程

围绕传统制造业改造提升的需求，部署实施服务于从概念创意到研发、生产、试验、服务等全产业链的用户需求智能挖掘与预测、设计工作智能化和人机协同的创新设计等典型示范。

重点包括跨媒体大数据驱动的用户需求智能分析与预测，设计知识的在线开放存储与智能推送，基于开放创新的用户共同参与设计，以及基于创造未见需求的颠覆式创新设计；CPS 新环境下的创新设计，众创空间群体智能驱动的设计工作智能化，人工智能 2.0 技术支持的众创、众包设计，个性化、柔性化智能设计与生产，以及实时运行数据反馈驱动的设计工作智能化；VR/AR 新环境下的人机协同创新设计，适用于"信息新环境"的交互界面设计，以及基于可穿戴技术的人机融合创新设计。

二、健全"互联网+智能制造"创新人才体系

（一）健全人才培养机制

创新技术技能人才教育培训模式，促进企业和院校成为技术技能人才培养的"双主体"。鼓励有条件的高校、院所、企业建设智能制

造实训基地，培养满足"互联网+智能制造"发展需求的高素质技术技能人才。支持高校开展"互联网+智能制造"学科体系和人才培养体系建设。建立"互联网+智能制造"人才需求预测和信息服务平台。大力弘扬工匠精神，突出职业精神培育，建立政府、企业、高校、研究院所、民主党派、社会民众联合的分层次"互联网+智能制造"人才培养和交流平台。加强智能制造人才培训，培养一批能够突破"互联网+智能制造"关键技术、带动制造业智能转型的高层次领军人才，一批既擅长制造企业管理又熟悉信息技术的复合型人才，一批能够开展"互联网+智能制造"技术开发、技术改进、业务指导的专业技术人才，一批门类齐全、技艺精湛、爱岗敬业的高技能人才。鼓励探索人才培养新模式，建立多元化、多层次、全方位的人才培养机制。

（二）健全人才引进机制

聚焦高层次人才引进，鼓励引进跨行业跨领域的中高端人才，如政界精英、学科带头人等，配合人才培养机制实施；鼓励引进海外人才，如能够突破"互联网+智能制造"关键技术、带动制造业智能转型的高层次领军人才，擅长制造企业管理又熟悉信息技术的复合型人才，能够开展"互联网+智能制造"技术研发业务指导的专业技术人才，门类齐全、技艺精湛、爱岗敬业的高技能人才、技术创新型人才；鼓励企业走出去，在海外举办人才招聘活动；定期组织人才引进交流会，促进企业和政府的人才引进经验交流，探索人才引进新模式，如政企合作引进人才；结合地方人才引进政策建立具有区域特色的人才引进机制。

（三）健全人才激励机制

建立健全成果导向型、创新导向型人才激励机制。成果导向型人才激励机制以为企业和社会带来的经济效益为主要评价标准，对表现突出的个人和企业予以奖励；创新导向型人才激励机制以专利、企业创新式转型、企业创新式管理、企业创新式运营等为主要评价标准，对有突出贡献的个人和企业予以奖励；最终使突破"互联网+智能制造"关键技术、带动制造业智能转型的高层次领军人才，擅长制造企业管理又熟悉信息技术的复合型人才，开展"互联网+智能制造"技术研发、业务指导的专业技术人才，门类齐全、技艺精湛、爱岗敬业的高技能人才、技术创新型人才得到认可与奖励；探索人才激励新模式。

三、健全"互联网+智能制造"创新政策体系

（一）加大财税支持力度

推动"互联网+智能制造"发展，充分利用现有资金渠道对"互联网+智能制造"予以支持。按照深化科技计划（专项、基金等）管理改革的要求，统筹支持智能制造关键共性技术的研发。完善和落实支持创新的政府采购政策。推进首台（套）重大技术装备保险补偿试点工作。落实税收优惠政策，企业购置并实际使用的重大技术装备符合规定条件的，可按规定享受企业所得税优惠政策，调整制造业增值税税率，加大支持创业创新企业和小微企业发展。企业为生产国家支持发展的重大技术装备或产品，确有必要进口的零部件、原材料等，可按重大技术装备进口税收政策有关规定，享受进口税收优惠。发挥国家财政投入的引导作用，吸引企业、社会资本，建立智能制造多元化投融资体系。鼓励建立按市场化方式运作的各类智能制造发展基金，鼓励社会风险投资、股权投资投向智能制造领域。搭建政、银、企合作平台，研究建立产融对接新模式，引导和推动金融机构创新产品和服务方式。依托重点工程项目，推动首台（套）重大技术装备推广应用，完善承保理赔机制。支持装备制造企业扩大直接融资，发展

应收账款融资，降低企业财务成本。配合人才机制设立人才基金，鼓励企业吸纳高层次人才；还可通过政府引导基金政策，研发资金支持等方式鼓励企业创新和研发，探索"互联网+智能制造"。

其他税收优惠支持：①深化结构性减税。目前的税收优惠体系以企业所得税为主，尤其直接享受优惠税率的企业需要满足比较严格的要求，限制条件较多，这就导致那些处于初创期、连续亏损、产品周期较长的中小企业并不能直接享受到优惠政策，对中小创新企业的支持力度有限。虽然近几年针对中小企业的支持政策频出，但鼓励中小企业研发支出的政策仍相对有限，未来仍需继续推进结构性减税以加大对创新类中小企业的扶持。②需要继续放宽创业投资企业所得税优惠条件并加强对长期股权投资的激励。首先，创投收益税收优惠对创投企业和被投资企业要求严苛，普惠性差，使该项激励政策的效果大打折扣。此前能够享受这项优惠的为有限合伙制创业投资企业，后扩展至创业投资企业和天使投资个人，被投资企业也从中小高新技术企业拓宽至部分科技型初创企业试点。其次，我国目前要求创投的持股期限至少为2年，可以通过对不同持股期限执行不同的优惠利率，以此鼓励长期股权投资。此外，天使投资属于投资早期阶段，考虑到其风险相对更高，可以对天使投资人提出更有针对性的、优惠程度更高的政策。随着试点的推广、合格企业和个人投资者门槛的放宽以及更多税收优惠政策的推出，创新企业将吸引更多股权投资资金。③继续提高部分研发费用加计扣除比例。目前来看，行业负面清单和活动负面清单外的研发活动均允许加计扣除研发费用，外聘人员劳务费、试制产品检验费、专家咨询费、高新科技研发保险费及研发直接相关的差旅费、会议费等均被纳入了研发费用加计扣除的范围，加计扣除范围已经明显扩大，包含内容较为广泛。为了加强对某些行业研发投入的激励作用，可以有针对性地提高个别行业研发费用的加计扣除比例，尤其是那些符合国家战略性发展需求的新兴产业，这样可以更有效地激励企业增加研发投入。

政府引导资金政策建议：可学习美国 SBIC（small business investment company，小企业投资公司） 计划成熟的基金运作方式、规范的组织管理模式、广泛的运作资金来源和完善的信息披露与信息公开制度等优势，结合我国国情发展政府引导基金。一是创新基金运作方式。以政府引导基金委托政策性担保机构做担保。结合我国国情，可以在部分经济发达地区做试点并逐步实现优化和推广。二是规范基金管理模式。近年来，尽管我国政府引导基金从立项数量和支持金额上都有迅速发展，但是缺乏统一的组织管理机构和系统性自上而下的组织管理机制。我国政府引导基金容易陷入"各自为战"的分散局面，并伴随投资目标重叠、交叉及空白等问题。因此，建立统一管理机构进行统筹协调规划，明确政府资金投资方向、决策程序、利润分配、运营监管等内容，并设计配套的管理机制和监管体系，是十分必要的。三是拓宽运作资金来源渠道。出于对我国国情和维护金融市场安全稳定的考量，我国政府引导基金现阶段呈现出政府出资比例大的格局。这种出资方式缺少灵活性，难以确保投资效率。允许一定比例的养老基金参与创业投资领域，在扩大引导基金运作资金来源的同时还提高了引导基金质量。政府须制定较宽松的资本管制政策，并同时配套相关优惠政策引导私人资本和国际资本进入投资领域，而不是一味依靠政府力量进行投资。四是完善信息披露与信息公开制度。我国政府引导基金的整个运行过程中信息透明程度还不高。在政策公开方面，可以设立专属网站，实时更新和公告相关信息与扶持政策，并提供专业指导意见；在信息披露方面，建立中小企业投资信息系统以及企业诚信档案，其中政府以及相关机构以监督者身份对引导基金的投资方和接受方进行规范指导，构建诚信的投资环境。五是建立多层次退出机制。我国政府产业引导基金的退出渠道远未完善。因此，我国需要建立基于多层次资本市场的退出机制，加强证券交易所市场发展（尤其是创业板），规范发展区域性股权市场，大力发展产权交易中心[32]。

（二）健全组织实施机制

统筹协调"互联网+智能制造"建设全局性工作，审议重大规划、重大政策、重大工程专项、重大问题和重要工作安排，加强战略谋划，指导部门、地方开展工作。建立任务落实情况督促检查和第三方评价机制，完善统计监测、绩效评估、动态调整和监督考核机制；建立中期评估机制，适时对目标任务进行必要调整。各地区政府和部门应充分认识建设"互联网+智能制造"的重大意义，加强组织领导，健全工作机制，强化部门协同和上下联动。各地区要结合当地实际，研究制订具体实施方案，细化政策措施，确保各项任务落实到位。目标是建立结构合理、分工明确和协调联动的组织实施机制。

参 考 文 献

[1] 李伯虎，张霖，任磊，等. 再论云制造[J]. 计算机集成制造系统，2011，17（3）：449-458.

[2] 左世全. 我国智能制造发展战略与对策研究[J]. 世界制造技术与装备市场，2014，（3）：36-41.

[3] 肖琳琳，卿苏德. 国外工业云发展经验及对我国的启示[J]. 电信网技术，2017，（2）：69-73.

[4] 温朝会. 云计算专题融合趋势二：工业云承载制造强国梦，万物互联平台先行[EB/OL]. http://www.hibor.com.cn/docdetail_2271533.html，2018-01-22.

[5] 赵德民. 基于 OpenStack 的工业实时云控制系统的研究[D]. 北方工业大学硕士学位论文，2017.

[6] 吕娟. 机械设备行业智能制造系列深度报告之六：装备制造业视角的工业互联网发展机会[EB/OL]. http://www.hibor.com.cn/docdetail_2383836.html，2018-06-30.

[7] 刘亚威. 英国高价值制造战略与航空制造创新[J]. 科研管理，2018，（s1）：284-288.

[8] 张蓓. 英国工业 2050 战略重点[N]. 学习时报，2016-02-15（002）.

[9] 张翼燕. 法国发布"未来工业"计划[EB/OL]. http://www.cssn.cn/dzyx/dzyx_xyzs/201510/t20151008_2485040.shtml，2015-10-08.

[10] 袁堂军. "日本制造"神话破灭了吗?[N]. 北京日报，2018-02-05 （014）.

[11] 王喜文. 日本机器人新战略[J]. 中国工业评论，2015，(6)：70-75.

[12] 薛亮. 日本推动实现超智能社会"社会5.0"[EB/OL]. http://www.istis.sh.cn/list/list. aspx?id=10535，2017-04-05.

[13] 林雪萍. 日本智能制造国际标准化的野心[EB/OL]. http://www.ciotimes.com/ manufacturing/145830.html，2018-03-08.

[14] 黄群慧，江鸿，贺俊. 韩国推进智能制造的最新部署及其启示[J]. 中国经贸导刊，2018，（18）：54-56.

[15] 宁胜男. 莫迪政府"印度制造"——效果评析与前景展望[J]. 印度洋经济体研究，2017，（3）：60-77.

[16] Wu D，Rosen D W，Schaefer D. Scalability planning for cloud-based manufacturing systems[J]. Journal of Manufacturing Science and Engineering，2015，137（4）：040911.

[17] Liu Y，Zhang L，Tao F，et al. Development and implementation of cloud manufacturing：an evolutionary perspective[C]. ASME 2013 International Manufacturing Science and Engineering Conference Collocated with the 41st North American Manufacturing Research Conference，2013.

[18] 中国电子学会. 中国机器人产业发展报告（2017年）[R]. 2018.

[19] 魏毅寅，柴旭东. 工业互联网技术与实践[M]. 北京：电子工业出版社，2017.

[20] 隋少春，牟文平，龚清洪，等. 数字化车间及航空智能制造实践[J]. 航空制造技术，2017，526（7）：46-50.

[21] 林加灶，董飞. 基于智能制造的船厂分段物流调度管理系统[J]. 电子技术与软件工程，2017，（10）：61.

[22] 李新创. 智能制造助力钢铁工业转型升级[J]. 中国冶金，2017，（2）：1-5.

[23] 于勇. 唐钢智能制造的信息化架构设计[J]. 钢铁，2017，52（1）：1-6.

[24] 李晓刚，向永光. 唐钢高强汽车板原料库天车无人化系统设计及应用[J]. 冶金自动化，2017，（3）：6-11.

[25] 钱宏智，胡丕俊，李亮举，等. 首钢智能制造探索与实践[J]. 冶金自动化，2017，（2）：22-26.

[26] 马竹梧，徐化岩，钱王平. 基于专家系统的高炉智能诊断与决策支持系统[J]. 冶金自动化，2013，37（6）：7-14.

[27] 孙彦广. 中国钢铁企业智能制造发展现状与需求调查情况总结与分析[R]. 全国第二十二届自动化应用技术学术交流会，2017.

[28] 中国工程科技发展战略研究院. 中国战略性新兴产业发展报告2018[M]. 北京：科学出版社，2017.

[29] 杜品圣. 工厂智能——德国推进工业4.0战略的第一步（上）[J]. 自动化博览，2014，（1）：22-25.

[30] 缪学勤. 智能工厂与装备制造业转型升级[J]. 自动化仪表，2014，35（3）：1-6.

[31] 杨春立. 我国智能工厂发展趋势分析[J]. 中国工业评论，2016，（1）：56-63.

[32] 张夏. 中美对比系列报告之一：中美研发创新支持鼓励政策比较及政策建议[EB/OL]. http://www.hibor.com.cn/docdetail_2390863.html，2018-07-11.